35| 계명한국학총서

외국어로서의 한국어 교육을 위한 한국어학

| 계명대학교 한국학연구원 편 |

계명대학교 출판부

| 계명한국학총서 35 | 외국어로서의 한국어 교육을 위한 한국어학

외국어로서의 한국어 교육을 위한 한국어학

국제사회에서 한국의 위상이 높아지고 있는 데다가 대중문화의 보급과 함께 이루어진 한류가 확산됨으로써 한국어 교육에 관한 수요가 날로 증가하고 있다. 2013년 9월 6일 개최된 '국외 한국어 보급 효율화를 위한 여야 정책 토론회 자료집'에 의하면, 현재 60개국 661개 대학과 1525 초, 중, 고등학교에서 한국어를 가르치고 있다고 한다. 또한 한국어 보급을 통해 세계인의 소통과 교류에 기여할 수 있도록 51개국 117개소에 세종학당을 설치하여 한국어와 한국 문화를 가르치고 있다고 한다. 외국인들의 한국어와 한국 문화에 대한 관심을 지속적으로 유지하고 발전시키기 위하여 정부에서도 많은 관심과 지원을 아끼지 않고 있다.

한국어 보급의 활성화를 위해서는 무엇보다도 정부의 체계적이고 효율적인 정책적 지원이 요구되지만 한국어교육계의 역할 또한 중요하리라고 본다. 한국어 교육계에 종사하는 모든 사람들이 지혜를 모아 재미있고 배우기 쉬운 한국어 교재를 개발해야 하고, 세계인과 소통할 줄 아는 유능한 한국어 교원을 양성해야 할 뿐만 아니라 현지 맞춤형의 다양한 한국 언어 문화 교육 프로그램을 개발하여 한국어와 한국 문화 보급에 필요한 기반을 구축해야 한다.

이러한 책임감으로부터 출발하여 제6회 계명대학교 한국학 국제학술대회 2012 (The Sixth Keimyung International Conference on Korean Studies, KICKS 2012)의 주제를 '외국어로서의 한국어교육을 위한 한국어학(Korean

Linguistics for Teaching Korean as a Foreign Language)'으로 정하여 외국어로서의 한국어교육을 위한 한국어학에 대해 깊게 고민해 보고자 하였다. 외국인 학자에 의한 한국학의 학문적인 발전을 이루기 위해서는 외국인들이 한국어를 효율적으로 학습할 수 있는 체계를 구축하여 한국어에 대한 보다 깊이 있는 통찰의 힘을 배양해야 할 것이다. 이를 위해 국내외에서 활동하시는 총 열세 분의 한국어학자분들을 모셔 외국어로서의 한국어교육에 관한 주요 현안을 개괄적으로 되짚어 봄과 동시에 한국어의 어휘와 발음, 문법을 포함하여 쓰기 교육이나 한자어 교육 등 한국어교육 전반에 관한 그동안의 연구 성과를 발표하고 이에 관해 토론을 하는 장을 마련하였다. 이와 더불어 〈세종학당〉이 활성화되어야 국외 한국어교육이 보다 긍정적인 방향으로 성장할 수 있고, 그래야만 한국학의 발전도 기대할 수 있다는 판단 하에 〈세종학당재단〉이 나아가야 할 정책 방향에 관하여 고민해 보고자 하였다.

이 책에 실린 여덟 편의 글은 학술대회에서 발표한 원고를 수정하고 보완한 것이다. 바쁜 중에도 불구하고 『외국어로서의 한국어교육을 위한 한국어학』 총서가 출간될 수 있도록 협조해 주신 여러 선생님들께 감사의 말씀을 드린다.

귀한 학술대회를 개최해 주셔서 전 세계에서 활동하고 있는 여러 한국어학자들이 한 자리에 모일 수 있는 기회를 주신 계명대학교 신일희 총장님께 감사의 말씀을 드린다. 또한 이 책이 출간될 수 있도록 여러 가지 배려를 해주신 계명대학교 한국학연구원의 이윤갑 원장님과 Michael Finch 국제사업부장님께 감사의 말씀을 드린다. 또한 이 책의 편집과 교정을 담당해 준 김현주 선생님과 김보경 선생님께도 고마운 마음을 전하고 싶다.

끝으로 이 책이 외국어로서의 한국어교육을 위한 한국어학 분야에 작은 지침이라도 제공할 수 있기를 바란다.

2013년 9월 20일
김선정

Content

서문

외국어로서의 한국어 교육을 위한 한국어학

<세종학당재단>의 한국어 교육 정책 발전 방향

| 이상규

<세종학당재단>의 한국어 교육 정책 발전 방향

이상규(경북대)

1. 서론

2000년 이후 한국어 학습 수요자가 늘어나고 있다. 한국어가 배우기 쉽고 우수한 언어 때문만도 아니고 국어학자들이 각고의 노력으로 만들어 놓은 기존의 규범 문법이 재미있고 배우기 쉬워서 나타난 결과도 아니다. 한국어 학습 수요자가 늘어나고 있는 주요한 이유는 한국의 대외 교류의 활성화에 따른 물류와 인력의 국제적 교류가 급격하게 늘어나면서 한국의 대외 신인도가 높아진 데 있다. 이와 함께 IT산업을 선도하면서 국지적 경계가 문화 경계로 전환되는 문화 확산 추세도 매우 중요한 요인이다. 이와 함께 국내 노동시장의 제한적 개방과 국제이민 결혼의 증가, 한류 열풍 등 국내 외국인의 유입 인구가 늘어남과 동시에 국내외적으로 한국 문화에 대한 관심으로 한국어 학습자가 전 세계적으로 급증하고 있다.

이러한 배경 아래에 한국어 교육의 대상자는 매우 다양한 성층을 이루고 있다. 먼저 국외에 교포 자녀에 대한 한국어 교육, 국내 고용허가제 자격을 위한 한국어 교육, 국제결혼 이민자, 유학생, 그리고 현지 초중고 대학의 한국어 학습자 등과 국내 유학생, 취업노동자, 국제결혼 이주자와 그 2세 등 교육 대상자의 성층은 매우 다양하다.

이에 따라 한국어 교육이 매우 중요한 국가적 정책의 하나로 인식되면서 정부에서는 2007년부터 〈세종학당〉의 설립과 함께 정부 부처별 외국인을 위한 한국어와 한국문화 교육에 대한 관심이 커졌고 이와 함께 학계에서도 효율적인 한국어 교육 방안에 대한 연구가 활발하게 진행되어 왔다.

2006년 7월 10일 국립국어원에서는 한국어와 한글의 국외 보급을 위한 기본 정책 수립과 전략 개발에 착수하여 2006년 12월 15일 제1차 〈한국어세계화 전략 수립을 위한 국회토론회〉와 2007년 4월 4일 제2차 〈한국어세계화 전략 수립을 위한 국회토론회〉를 거치고 〈한국어 보급 확대 및 세계화 방안〉(2008.12) 국무회의 보고회를 거쳤다. 동 사업의 효율적인 추진을 위해 세종학당 추진 자문회의를 구성하여 5차례에 걸쳐 실질적인 〈세종학당〉의 운영 전반에 대한 학계의 의견을 수렴하여 2007년 『세종학당 운영 매뉴얼』을 확정하였다.[01]

〈세종학당〉은 『국어기본법』 제19조에 근거하여 "국외에서 한국어를 배우고자 하는 외국인과 재외 동포를 위한 개방형 한국어문화학교"로 "소수 지식인 중심이 아닌 일반 대중을 대상으로 한국어와 한국문화를 보급하는 사회교육원 형태의 현지 교육시설"로 그 개념을 규정하였다.[02] 2007년 3월 19일 몽골의 울란바토르대학과 몽골국립사범대를 필두로 하여 〈세종학당〉이 처음으로 설립되어 2013년

01 국립국어원. 2009. 『세종학당』 운영 매뉴얼. p. 2~10. 국립국어원.
02 국립국어원. 2007. 『2007 세종학당 백서』. 국립국어원. 32쪽.

10월 현재 전 세계에 51개국에 117개소가 개설되어 운영되고 있다.

설립 당시 〈세종학당〉은 문화 상호 이해 존중을 바탕으로 한 문화상호주의라는 설립목표 아래 (1) 문화상호주의의 원칙에 입각한 쌍방향의 문화교류와 이해 촉진, (2) 지식인 중심 엘리트 교육에서 탈피, 대중적인 한국어 교육의 확대, (3) 국가 간의 문화적 연대와 공존을 위한 교류 협력 증진이라는 3대 설립 목적을 명시화하였다.

한국어와 한글 학습 기회 확대를 위한 〈세종학당〉은 (1) 재외 문화원, 현지 한국어 교육기관(대학 포함) 등과 연계하여 세종학당을 설립하고 지역별 특성에 맞는 운영 관리체계 구축, (2) 지리적으로 가까운 동북아시아 지역에 먼저 한국어 교육진흥 체계를 구축하고 이를 기반으로 한국어 문화권역을 전 세계로 확장할 중장기 추진 방향을 제시하였다.03

〈세종학당〉의 교육 목표는 (1) 표현 이해 중심의 한국어 능력 향상, (2) 현지 일반인을 중심으로 한 한국어 교육 기회의 확대, (3) 양국 문화가 충실하게 반영된 교재 활용을 통해 문화 교류 증진, (4) 한국어와 한국문화 통합 교육이라는 4대 교육 목표를 수립하여 〈세종학당 운영 규정〉, 〈운영세부 지침〉에 반영하였다.04

〈세종학당〉이 처음 개원된 이후의 〈세종학당〉 사업 결과에 대한 종합적인 평가를 담당했던 백봉자(2008:9) 교수는 〈세종학당〉 사업은 "한국어 국외 보급의 국가 사회적 의미를 심화시켰으며, 한국어 보급의 이념적 배경을 설정하였다는 점"과 "기본계획 수립에서 기본 전략 수립, 추진 시스템 구축" 등 국가 정책 결정 과정에서의 합리성

03 국립국어원. 2007. 『2007 세종학당 백서』. 국립국어원. 33쪽.
04 국립국어원. 2007. 『2007 세종학당 백서』. 〈세종학당 운영 세부 지침〉. 국립국어원. 130쪽.

과 체계성을 확보하는 과정은 높이 평가를 하였지만 "예산의 장기적 확보 방안", "운영 관리의 미비점"에 대한 보완의 필요성을 제기하였다.[05]

백봉자(2008:9) 교수가 지적한 정부 부처 간의 업무 중복의 조정 문제, 예산 확보의 장기 계획의 불투명성, 추진력의 주체의 안정성의 미비, 종합적인 장기 계획의 미비함 등의 문제뿐만 아니라 현장에서의 예산 부족 전문 관리 인력의 부족 등의 문제점을 지적하였다.

정부에서는 이러한 문제를 극복하기 위해 2012년 5월 2일 국무회의를 통해 〈세종학당재단〉 설치를 위해 관련 법안인 『국어기본법』, 『국어기본법시행령』 개정안을 공포함으로써 한국어의 해외 보급에 대한 본격적인 국가 관리 체계로 진입하였다. 이 법안을 근거로 하여 〈세종학당재단〉이 설립됨으로써 그 이전에 나타난 여러 가지 문제점들을 보완할 수 있는 계기가 마련된 것이다.[06]

〈세종학당재단〉의 설립과 함께 한국어 및 한글의 해외 보급의 기본 정신과 이념을 토대로 하여, 표준 교과과정 개발, 양질의 교재 개발, 양질의 교원 수급 및 재교육 계획, 교육 시설 및 환경 조성, 교육평가의 표준화 계획 등 한국어 국외 교육을 위한 종합적인 대책을 마련할 수 있는 획기적인 전기가 마련된 것이다. 그동안 한국어 교육학회를 중심으로 관련 학회와 연구자들도 교육과정 및 교육 방법, 교재 개발, 평가 등 다양한 영역에서 발전을 위해 지속적으로 연구

---

05 백봉자. 2008. 『〈세종학당〉 평가 사업 보고서』. 국립국어원.

06 2007년 〈세종학당〉 설립 시기와 2012년 〈세종학당재단〉 설립을 위한 관계 법령 개정이 이루어진 시기를 기준으로 제1기 세종학당과 2기 세종학당으로 구분할 수 있다. 제1기를 준비 기간이라고 한다면 제2기는 국가 사업으로 〈세종학당〉이 본격적으로 출발한 시기라고 할 수 있다.

를 추진해 왔기 때문에 당면한 여러 가지 문제를 해결할 수 있는 역량과 준비는 충분히 되어 있다고 판단한다. 다만 국가 정책적인 측면에서 추진되어야 할 정부 부처 간의 업무 중복의 조정 문제, 예산 확보의 장기 계획 안정성 확보, 추진력의 주체의 안정성 확보, 종합적인 장기 계획을 포함한 전문 관리 인력의 부족 등의 어려움을 지속적인 관리를 위한 대안이 마련되어야 할 것이다.

한국어 국외 보급을 위한 사업은 매우 중요한 국가적 정책의 하나로 인식해 왔지만 실제로 〈세종학당〉의 운영 기본 철학에 대한 인식 부족으로 표준 교육과정의 교육목표와 방향이 상당한 혼선을 겪고 있으며, 이와 함께 교재의 내용 또한 많은 문제점이 노출되고 있다. 본고에서는 향후 〈세종학당재단〉이 우선적으로 점검하고 추진해야 할 정책과 사업에 대한 검토와 더불어 특히 교재 개발의 목표와 기술적 방안에 대한 논의를 전개하고자 한다.

2. 본론

2.1 한국어 교육 기관과 <세종학당>의 현황

최근에는 한류의 확산과 외국인 고용 허가제 시행, 방문 취업에 따른 비자 발급제 시행, 해외 진출 한국 기업의 현지인 고용 등에 따라 전 세계적으로 한국어 학습 열기가 고조되고 있다. 중국의 공자 학원, 일본의 국제 일본어 보급 센터, 인도의 간디아카데미, 독일의 괴테 인스티튜트, 영국의 브리티시 카운실, 프랑스의 알리앙스 프랑세즈와 유사한 한국어 문화권역 확대 전략으로 한국어 교육 프로그램을 운영할 책임 있는 기관이 바로 〈세종학당〉이다.

국외에는 제도권에서는 대학(학과, 세종학당), 초중고(제2외국어), 재외 한국학교를 중심으로 비제도권에서는 한글학교, 한국문화원, 한국교육원 등을 중심으로 한국어 교육이 이루어지고 있다. 일부 지역에는 사설 한글교육 기관이 있으나 정부의 통제 밖에 놓여 있다. 대학에서는 어학원을 활용하여 비교적 안정된 한국어 기초 교육이 진행되고 있지만 여성 결혼이민자나, 외국인 근로자나 다문화 가정 자녀들에 대한 한국어 능력 향상에 대한 기획적인 교육 프로그램은 매우 부실한 상황이다.

일반적으로 재외 국민에 대한 교육은 한국학교, 한글학교, 한국교육원을 중심으로 이루어지고 있으며, 외국인을 위한 한국어 교육은 주요 지역 대학에서 동아시아 학과의 한국어 전공으로 이루어지거나 교양 외국어 교육의 차원으로 이루어져 왔다. 그러나 이제 정부 부처별로 분산되어 있는 한국어 교육을 〈세종학당재단〉으로 수렴하여 한국어 교육의 전반을 조망하면서 교육의 효율성을 재고하는 방향으로 발전되어야 할 것이다.

그간 한국어 공교육기관과 수요자에 대한 개략적인 분석을 해보면 다음과 같다. 국가별 한국어학과, 한국학 전공 강좌 개설 대학은 전 세계 60개국 661개 대학이 있으며, 동북아(중, 일, 몽골, 대만, 홍콩) 5개국 384개 대학, 유럽 12개국 37개 대학, 북미 2개국 131개 대학, 대양주 2개국 8개 대학, 동유럽/CIS 14개국 54개 대학, 아프리카, 중동 8개국 10개 대학, 동서남아 9개국 31개 대학, 중남미 3개국 3개 대학 등이 있다(서아정, 2005). 그러나 실제적으로는 매년 한국어학과 개설의 숫자가 늘어나고 있는 실정이다.

국가별 중고등학교의 한국어 교육 기관은 미국에 2004년 39개 중고등학교 3,800명 수강, 일본에 2000년 163개 고등학교 4,587명 수강, 중국에 조선족 초중고 1,200여 곳, 2003년부터 상해지역 고교 한국어 강좌 운영, 중앙아시아에 고려인 중심 중고교에서 한국어강좌 운영(타슈켄트 시 60개/교사 150명), 호주에 63개교 2,000여 명이 수강(서아정 2005) 중이며, 대학교와 함께 중고교의 한국어 부전공 내지는 제2외국어로 전공 신설이 지속적으로 늘어나고 있는 추세이다. 이 가운데 현재 중국 내의 주요 대학의 한국어 교육 현황에 대해 살펴보자.

〈표1〉 본 통계 자료는 2009년 양주대학 학술발표 논문을 근거로 하여 작성

지역	대학교(전문대) 학과	교원수(겸임 표함)	학생수
길림성	13	124	3,850
흑룡강성	18	117	4,856
광동, 광시, 윈난성	9	50	1,346
산동성	60	542	15,147
강소성	25	93	10,000
요녕성	18	114	5,418
상하이, 절강성	11	73	2,681
북경	9	48	867
합계	163	1,161	44,165

〈표1〉의 자료는 2009년 중국 양주대학교에서 개최한 중국 한국어 교육연구회에서 발표한 논문을 근거로 하여 정규제도권 내의 대학 및 전문학교를 포함한 통계자료이다. 따라서 정확한 통계 자료가 아니지만 중국에서의 한국어 교육의 대체적인 경향을 파악할 수 있는 참고자료가 될 수 있을 것이다.

공교육 기관이 아닌 한글학교나 한글문화학교, 문화체육관광부의 해외 문화원, 교육부의 해외 교육원과 KOICA를 통한 한국어교육 지원 등을 합치면 엄청난 수에 달할 것이다. 이러한 한글 및 한국어 학습 수요자를 지원하기 위해 2007년도부터 출범한 제1기의 〈세종학당〉에서 〈세종학당재단〉설립이 입법화된 제2기 〈세종학당〉의 시기로 접어들게 되었다. 이제 세종학당을 총괄 관리하는 공공기관으로 〈세종학당재단〉이 2012년 10월에 출범함으로써 교과과정 개발, 교재 개발, 교원재교육 및 교육 방법 개발 등 다양한 분야에 기획과 지원이 가능하게 되었다. 곧 〈세종학당재단〉은 전 세계로 확대될 세종학당을 체계적이고 전문적으로 관리하기 위한 공공기관이다.

[그림-1] 2012년도 현재 세종학당 분포도. 문화체육관광부 자료(2012)

현재 〈세종학당〉은 〔그림-1〕에서처럼 전 세계에 43개국에 90개소가 개설되어 운영되고 있다. 향후 정부의 발표로는 전 세계 약 500여개의 〈세종학당〉 설립을 목표로 하고 있다. 한편 개방형 한국어 교육기관으로 발전하기 위해 온라인 〈세종학당〉으로 현재 누리세종학당(http://www.sejonghakdang.org)도 운영되고 있다.

어문계 대학생들의 일자리 창출을 위해서도 또 국가 신임도를 높이기 위해서도 〈세종학당〉의 설립추진은 매우 중요한 기능과 역할을 다할 것으로 기대된다.

2.2 <세종학당>의 설립 기본 철학

문화체육관광부에서는 한국어 교육 정책 전문 기관인 〈세종학당재단〉을 설립하여 변화하는 한국어 교육 수요자 층에 부응하는 전환기를 맞이하게 되었다. 이러한 환경 변화에 따라 한국어 교육의 올바른 목표와 방향 설정은 구체적인 교육 방법의 미시적 설계보다 우선 논의되어야 할 과제이다.

〈세종학당〉 설립 당시의 기본 목표는 "문화상호 이해 존중을 바탕으로 한 문화상호주의"라는 설립목표 아래 (1) 현지인 중심 실용 한국어 교육, (2) 저비용고효율 교육, (3) 한국어와 한글 학습 기회 확대와 (4) 상호 문화 교류를 통한 문화 다양성을 실현하는 실천 방안이 마련되어 있다. 이 가운데 "문화 상호 이해 존중을 바탕으로 한 문화상호주의"는 세종학당의 최상위의 설립 정신이자 철학이라고 할 수 있다. 곧 21세기 이전의 언어 식민지적 방식이 아닌 언어 상호주의 방식으로, 상대 국가의 역사와 문화적 배경을 존중하는 새로운 국제 교류의 소통방식을 위한 이중 언어 교육 방식은 향후 21세기 국가 간의 언어 교육의 참신한 비전이라고 말할 수 있다. 2008년 미국 버클리대학교 한국문화연구소에서도 세종학당의 설립 기본 정신은 가장 이상적인 21세기 언어문화 교육 모델이라는 평가를 받은 바 있다.

〈세종학당〉 설립의 기본 이념은 2007년 7월 10일 세종학당 설립 기본 계획 수립을 이끌었던 필자가 시종 일관 강조해 왔던 기본 철학이기도 하다.[07] 지난 시대의 언어 식민의 방식인 "지배 언어가 피지배 언어를 포식하는 방식"이 아닌, 언어와 언어 간에 횡적인 소통의 방식으로 교육해야 할 당위성을 강조하지 않을 수 없다. 20세기 언어 식민주의 국가들은 약소국가나 변두리 부족의 언어를 절멸의 벼랑 끝으로 내몰아 왔다. 지배적 방식은 문화 제국주의 또는 언어 제국주의의 방식으로 중심부가 주변부를 일방적으로 파괴하는 방식이다. 다문화 국제화 시대에 다중 언어의 교육과 정책의 기조는 지배적 방식이 아닌 상호 대등한 방식인 언어 횡단의 방식으로 진행되어야 할 것이다.[08] 이러한 시대적인 변화에 따른 한국어 및 한글의 해외 보급을 위한 국가적 기획으로 출발한 〈세종학당〉은 "언어·역사·문화 상호 이해 존중"을 설립 기조로 삼은 국제교류 교육프로그램이라고 할 수 있다. 따라서 향후 〈세종학당재단〉의 운영 방향도 이미 합의된 설립의 기본 이념을 충실하게 이행하는 국가 간의 의사

07 이상규. 2007. 「언어횡단으로서 한국어 교육」. 한국어교육학회 2007년 겨울 학술대회 주제 발표 논문.

08 이상규. 2009. 『둥지 밖의 언어』. 생각의 나무. 19쪽.

소통의 연결 고리를 만들어나가야 할 것이다. 그러나 지금까지 교육과정이나 교재개발과 관련하여 이러한 한국어 교육의 기본 철학이 확고하게 반영되지 못함으로써 한국어와 한국문화의 일방적 교화를 목표로 한 교육과정이 현재 통용되고 있다. 또한 교재 내용에서도 한국의 문화와 역사 그리고 한국어의 일방적 전파라는 교재 편찬의 기본 정신이 뿌리를 내리지 못하고 있는 실정이다.

먼저 앞에서도 밝힌 바와 같이 한국어 교육의 철학적 근거에 대한 깊은 성찰이 필요하다. 국가주의와 민족주의를 초월한 서로 다른 다양한 언어를 지배적 방식이 아닌 횡단의 방식으로 상호 문화 존중과 이해라는 틀 속에서 진행되어야 할 것이다. 곧 용광로(smelting furnace)식이 아닌 샐러드 볼(salad bowl)의 방식인 "문화상호주의"적 방식으로 진행되어야 한다. 15세기 이래로 제국주의의 국가 경영을 주도한 서구 열강들의 다문화 국가와 소수부족이나 민족을 제압하고 신생국가를 수립하면서 형성된 개척자 다문화 국가에 대한 이해가 전제되어야 한다. 이들 국가와 다른 방식으로 진행되고 있는 한국의 다문화 사회의 전환 과정을 이해하기 위해 이미 다문화·다인종 사회로 형성된 국가들과 어떤 차이가 있는지 그리고 그들의 문화나 사회적 토양은 어떤 차이가 있는지 깊은 성찰이 필요하다.[09] 이러한 기본 철학에 대한 성찰이 얼마나 중요한 일인지 그동안 논의되어 온 몇 가지 문제점을 되돌아보자.

외국인을 위한 한국어 교육을 피상적으로만 이해하는 학계에서나 정부 정책기관에서도 '한국어의 세계화', '한국어의 국제화' 또는 '한

09 이상규. 2011. 『국제사회 이해 교육과 커뮤니케이션』. 대구광역시 교육청.

국어의 국외 보급'과 같은 용어를 사용하고 있으나 이런 용어들이 지나치게 자국 중심주의 교육 전략이라고 판단된다. 교육 목표에 대한 인식을 더욱 명백하게 규정하고 보완할 필요가 있다. 문영자(2009: 93~94)는 중국에서의 한국어 교육의 당면 과제를 "한국어 교육의 목표"에 대한 인식이 필요함을 강조하고 있다.[10] 한국어 교육의 기본 교육 철학에 대한 이해를 강화하는 일이 무엇보다 중요하다. 누구를 대상으로, 무엇을, 무슨 목적으로, 어떻게 가르칠 것인지에 대한 기본 방향에 대한 문제는 교육 전문가와 함께 한국 정부의 정책입안자들이 깊이 이해해야 할 현실적인 과제이다.

상대 국가의 언어·역사·문화를 상호 이해하고 존중한다는 한국어 교육의 기본 철학이 확고하게 뿌리를 내리지 못한 탓으로 교육 대상에 대한 인식의 부족, 교육주체인 교원들의 교육 능력과 지속적인 향상 프로그램의 미비, 교육 대상에 따른 교재의 부실과 교재 내용의 혼선 등으로 이어지고 있다. 특히 교육과정이나 교재 개발과 관련하여 이러한 한국어 교육의 기본 철학이 충실히 반영되지 못함으로써 한국어와 한국문화의 일방적 교화를 목표로 한 교육과정이 현재 통용되고 있다. 또한 교재 내용에서도 한국의 문화와 역사 그리고 한국어의 일방적 전파라는 교재 편찬의 기본 정신이 뿌리를 내리지 못하고 있는 실정이다.[11]

---

10 문영자. 2009.「강소성 한국어학과 실태조사 보고」. p. 93~94. 양주대학교. 연례학술발표회 초록.

11 이상규. 2011.『국제사회 이해 교육과 커뮤니케이션』. 대구광역시 교육청.

2.3 향후 <세종학당>의 발전 방향과 목표

앞으로 〈세종학당재단〉의 발전을 위한 핵심 과제는 첫째, 전 세계 한국어 교육기관에 대한 전면적인 조사를 통한 네트워크 구축, 둘째, 한국어 교원의 인적 네트워크의 구축, 셋째, 전 세계에서 유통되고 있는 교재 및 부교재와 학습 도구에 대한 전면적인 조사 보고서 작성과 함께 온라인 도서관을 개설하여 손쉽게 양질의 교재를 제공할 필요가 있다. 넷째, 전 세계 교육기관을 중심으로 교육과정이 어떻게 구성되어 있으며 실제 운영이 어떻게 이루어지고 있는지 세밀한 조사와 이를 데이터베이스로 구축하고 이를 상시로 관리할 인력과 재원을 확보해나가야 할 것이다. 다섯째, 저비용 고효율화의 목표를 당성하기 위해서는 온라인 〈세종학당〉(누리세종학당)으로 발전시킬 수 있는 디지털 한국어교재 개발, 쌍방 화상 원격교육 프로그램 개발 등 중장기적인 발전전략을 수립하고 이를 차근차근 실천해 나가야 할 것이다.

이와 함께 현재 가장 문제가 되는 교육 목표와 이념을 충실하게 반영할 수 있는 교육과정의 재편, 교재 개발과 보급, 교원 양성의 장기 수급 계획, 교육 방법의 개선과 발전 방안 마련, 교육 현장 구성 등에 대한 대안을 착실하게 마련해 나가야 할 것이다. 그러면 향후 〈세종학당〉의 발전을 위해 재고해야 할 중점 과제에 대해 구체적으로 살펴보자.

1) 한국어 교육의 철학적 목표 정립

한국어 교육은 제2언어로서의 한국어(Korean as a Second Language /약칭 KSL) 교육을 외국어로서의 한국어(Korean as a Foreign Language/약칭 KFL) 교육으로 구분할 수 있다. 전자는 재외동포 지역에서 가정이나 교포 사회를 중심으로 나타나는 경우로 볼 수 있고, 후자는 학교의 외국어 학습 차원에서 나타나는 경우로 볼 수 있다. 전자는 재중, 재미, 재일 동포 사회처럼 한국어 공동체가 존재하지만 후자는 그런 공동체를 상정하지 않고 학습 시수에 따라 이루어지는 한국어 학습 방식이다.

〈세종학당〉의 한국어문화 교육은 제2언어로서의 한국어(Korean as a Second Language/약칭 KSL) 교육 방식의 일환이라고 할 수 있다. 그런데 현재 한국어 교육의 전문가들은 대부분 국어 교육 전문가들이 담당하고 있어서 한국어 교육을 국어교육의 연장이라는 안일함을 엿볼 수 있다. 그리고 정부의 정책을 기획 수립하고, 또 그에 대한 정책 및 예산 지원을 담당해야 하는 주요 관료들조차도 한국어와 국어의 개념마저 혼란스러워 하는 것이 지금의 현실이다.

〈세종학당〉의 기본 교육 철학이 언어문화 상호 이해 존중에 기반하고 있기 때문에 이 기본철학은 교육과정, 교재, 교원, 교육 현장 구성이나 자원봉사 등의 운영 제반 영역에 그 기본 정신이 반영되어야 한다. 먼저 교육과정 구성에 있어서도 한국의 언어나 문화가 지나치게 큰 비중을 차지하고 있다. 따라서 교과과정에도 국가나 문화권역별 해당 지역의 역사나 문화에 대한 내용이 충분히 반영될 필요가 있다. 교육과정에 있어서 한국어(읽기, 쓰기, 말하기, 듣기) 능력 향상을 위한 내용 구성과 한국문화 및 상대방 국가의 문화의 구성 비율을 재조정할 필요가 있다. 현재 외국인을 위한 한국어 교육과정이 지나치게 한국어 언어 능력과 한국문화를 일방적으로 배치함으로써 문화 상조 존중과 이해라는 〈세종학당〉 설립의 기본 정신과 일치하지 않는 점을 중시할 필요가 있다. 따라서 교재 역시 언어문화 통합교재로서 한국과 상대 국가나 문화 권역별 역사나 문화의 내용이 반영될 필요가 있는 것이다. 또한 교육의 실질적인 운영 주체인 교원들의 의식도 이러한 〈세종학당〉의 기본 철학을 충분히 인식하도록 교과지도 지침서에 반영할 뿐만 아니라 교육을 통해 알려낼 필요가 있다. 이러한 면에서 교원들은 한국어 교원자격자에 국한할 것이 아니라 이중언어 능력을 갖춘 교원이 더 많이 확보될 수 있도록 한국어 교원 자격을 강화할 필요가 있다.[12]

지난 50여 년 동안, 한국어 교육은 국어 교육의 일부로 인식되었고, 국외 지역에 대해서는 거의 정부의 정책적 손길이 닿지 않은 상태였다. 그동안의 한국어 교육은 대부분이 미주 지역의 한국학교('한글학교'라 칭하기도 함)처럼 지역별로 자발적인 조직을 구성하여 교육 현장을 꾸리고, 교재 및 교원에 이르기까지 한국학교 교사들의 헌신적인 봉사에 의존하여 발전해 왔던 것이 사실이다. 한국 전쟁을 치르고 경제 발전 단계를 지나면서 한국어 교육은 해외 교민들을 대상으로 한 재외 동포 지원의 차원에서, 그리고 국제 교류 강화 정책

12 가카즈 기쓰미(嘉數 勝美). 2008. 『일본 국제교류 기금의 일본어 교육 사업에 대하여』. 한중일언어문화 교류확산을 위한 국제학술회의. 일본에서는 해외 일본어 교원의 70%가 원어민으로 구성되어 있다.

으로 한국 교사(현지 언어에 능한 전공 불문인 사람)를 파견하는 방식으로 진행되었지만 단계적인 발전을 거듭해 왔다는 점에 대해서는 이견이 없을 것으로 본다. 그러나 그 내면적 상황에 대해서는 재고의 여지가 있다. 현실에 맞는 제대로 된 교재를 발간하는 일도 문제거니와 교원들의 수급과 그들의 교육 및 재교육 프로그램 하나 체계적으로 이루어지지 않고 있는 것이 지금의 실정이다.

향후 〈세종학당〉은 온라인을 통한 교육지원에 힘을 쏟아야 한다. 교재를 구할 수 없거나 교원이 없어 한국어를 배울 수 없다는 지역을 위해서 디지털 표준 교재를 개발하여 무상으로 지원하거나 온라인 U－세종학당을 설립하여 전 세계 어디에서든지 한국어 학습지원이 가능하도록 발전시켜야 할 것이다.

2) 우수 교원의 확보와 네트워크

다음으로는 한국어 교원들의 자질 향상에 대한 지속적인 프로그램 개발이 필요하다. 예를 들면 교육기관 네트워크 구축이나[13] 교원 인적 네트워크를 구축하여 지속적인 관리를 통해 교원 자질 향상을 위한 단계적 재교육 프로그램을 개발해야 할 것이다.[14] 현재 문화체육관광부에서는 한국어교원자격증을 발급하고 있으나 교원 수요에 대한 예측을 하지 않은 상태에서 120시간 이수 프로그램을 거의 모든 대학에서 운영하고 있어 이들에 대한 질적 향상 교육이라든지, 재교육과 같은 문제는 효율적으로 이루어지지 않고 있다. 따라서 교

13 국립국어원·세계화재단. 2005.『국외 한국어 교육 기관 현황과 요구조사 최종보고서』. 국립국어원.
14 이준석. 2006.『언어와 문화 교류를 위한 한국어 교육 네트워크』. 국립국어원.

원 수급 계획에 대한 장기적인 예측이 가능하도록 노력해야 한다.

국외 한국어 교원에 대해서는 정부 부처에서 특별 초청 형식으로 단발적인 교육을 실시하고 있으나 보다 체계적인 교원 자질 향상을 위한 입법화와 아울러 국가적인 투자가 필요하다. 국외에서 활동하고 있는 비제도권 교육 기관에서 활동하고 있는 교원에 대한 관리 또한 해결해야 할 과제 가운데 하나이다.[15]

국외에서의 한국어 교육의 효율성을 강화하기 위해서는 우수한 교원의 확보가 무엇보다 중요하다. 신창순(2009:49)도 한국어 교육 자격을 갖춘 인력이 부족한 동시에 원어민 교원의 한국어 교육 능력이 일반적으로 낮다는 점을 문제점으로 제기하고 있다.[16] 국립국어원에서 현재까지 한국어 교원 자격 심사를 거쳐 배출한 인력은 2006년에 868명, 2007년 639명, 2008년 842명, 2009년 1,037명, 2010년 2,157명, 2011년 1,809명, 2012년 2,337명, 2013년(4월 19일 현재) 1,103명이며, 총 인원 10,792명(1급 144명, 2급 5,738명, 3급 4,910명)명이다. 한국어 교육의 수요자 층이 다원화됨에 따라 한국어 교원의 자격을 강화하는 동시에 이들의 일자리 창출을 위해서도 인력을 적절하게 배치하는 등의 관리 계획이 정밀하게 수립되어야 할 것이다.

현재까지 한국어 교육은 대부분의 지역에서 비조직적인 자원에 의한 봉사 조직의 방식으로 이루어지고 있으나 최근 각 지역의 대학에서 관심을 갖기 시작하면서 전문적인 교원이 현장에 파견되거나 채용되고 있다.

---

15 국립국어원. 2008.『한국어교원 자격제도 개선 방안 연구』.

16 신창순. 2009.「흑룡강성 한국어하고가 실태조사 보고」. p.50. 양주대학교 연례학술발표회.

한국어 담당 교원은 상대 국가의 언어를 알고 있는 이중언어 능력자가 필요하다. 이중언어 능력이 없음에도 불구하고 한국어를 교육한다는 것은 총알 없는 총을 들고 전장에 나가는 것과 무엇이 다른가? 따라서 교원의 소양 교육은 국가기관에서 지속적으로 지원해야 할 부문이다.

먼저 국외 한국어 교원의 실태에 대해 살펴보자. 현재 교육부 재외동포교육과에서 지원하는 한국교육원(14개국 34개) 및 한글학교 1,483개교에 종사하고 있는 교원 9,392명, 외교통상부 재외동포재단에서 관할하는 114개국 2,096개교의 한글학교 교원 14,449명(한국교육원 관할 한글학교 포함) 등이 현재 활동 중에 있다. 그러나 이들 가운데 지역에 따라 차이는 있지만 〈국어기본법 제19조 제2항〉에 근거한 한국어교원 자격을 갖춘 사람이 거의 전무한 상황이다.

2005년 7월 28일 이후 〈국어기본법〉이 발효되었기 때문에 이들에 대한 한국어 교원 자격증을 갖춘 인력이 적은 것은 당연하지만 향후 더욱 효과적이고 수준 높은 교육의 질을 보장하기 위해서는 현재 활동 중인 인력들에 대해 국어기본법에 명시된 절차와 방법에 따라 적절한 교육 프로그램을 거치고 또 한국어 교육 능력 심사를 거쳐 교원 자격증을 부여해야 할 것이다.

특히 재외 정규 교육기관에서 활동하고 있는 한국어 교원에 대해서도 한국 정부에서의 교원의 능력 향상을 위한 지원 프로그램을 강화할 수 있는 종합 계획을 수립해야 할 것이다. 그리고 단계적으로 권역별로 교원의 자격을 강화하고 이를 통해 교육의 표준화와 효율성을 도출할 수 있어야 한다. 곧 전 세계에서 활동 중인 한국어 교원들을 권역별로 나누어 한국어 교원 능력 향상을 위한 프로그램을 개발하여 이들에게 국어기본법에 근거한 교원자격증을 부여할 수 있는 계획안도 고려해 볼 사항이다. 우선 미국과 캐나다 지역을 권역별로 나누어 한국어 교원 양성 프로그램을 운영하여 단계적으로 한국어 교원 자격증을 확대해 나가는 동시에, 아시아 지역 한국어교원 대표자회의를 통해 아시아 지역의 한국어 교원 관리 계획을 수립할 필요가 있다.

3) 교과 과정, 교재 문제

교육 환경이 바뀌면 제일 먼저 고려해야 할 사항이 수요자 층에 따른 다양한 교과 과정의 개발과 그 교과 과정에 따른 교재의 개발이다. 예를 들어 중국 내에 대학에서 활용하고 있는 교재들에 대한 반듯한 교육과정은 거의 전무한 상태에서 만들어진 각양각색의 교재들이 사용되고 있다.[17] 교육 대상자의 층과 대상 언어와 문화를 고려하여 효과적으로 지원할 수 있는 다양한 교과 과정의 개발이 무엇보다 급선무이다. 그리고 교재 개발 역시 다양한 교과 과정에 입각하여 효율적으로 개발해야 할 과제이며 교육 내용도 문법 중심이 아닌 회화 중심의 교과서로 구성하되 알찬 문화상호주의적 관점의 내용으로 구성해야 한다. 이처럼 한국어 교육을 담당하고 있는 국외 교원들은 표준화된 교과 과정에 대한 이해도 미비할 뿐 아니라 표준화되지 않은 각양각색의 교재로 가르치고 있기 때문에 효율성이 매

17 중국 양주대학교. 2009. 『2009년도 연례학술대회논문집』. 중국 한국어 교육연구회 참조.

우 떨어질 수밖에 없다. 이러한 문제를 극복하기 위해서는 국내 외국인에 대한 한국어 교육을 담당하고 있는 교원들에게 표준화된 교육 프로그램을 마련하여 지정된 교육 기관에서 교육을 시킨 다음 한국어교원 자격을 부여하여 교육의 질과 효율성을 높이도록 해야 한다. 그리고 한국어 교원을 투입하여 이들을 위한 자격 교육 및 재교육 프로그램을 담당하도록 지정하여 현재 한국어 교원 유자격자들의 일자리 창출에도 관심을 가져야 할 것이다.

교육의 기본인 교과과정이 마련되어 있지도 않은 상황에서 정부 부처별 기관이나 대학교 사회 기관 단체, 각 출판사 등에서 다양한 교재가 개발되어 있다. 교재란 철저한 교육과정에 따라 매우 고난도의 연구를 통해 만들어질 수 있는 것이다. 교육 대상의 성격에 따라 등급별 교재를 어휘, 기본 문형, 음운, 의미 등의 영역을 효율적으로 배치한 성숙된 교재개발이 이루어져야 한다. 현재 널리 사용되고 있는 범용 교재들은 대부분 교육의 목표나 교육 이념, 국가별 문화의 다양성을 고려하여 개발된 것이 아니다. 그리고 교재 내용에 있어서도 교육 대상자의 문화나 역사 등이 전혀 고려되지 않았을 뿐만 아니라 등급별 난이도나 어휘빈도 측정이나 문형의 빈도 측정을 고려하지 않고 만든 것들이 대부분을 차지하고 있다.

예를 들어 초, 중, 고급의 3단계 교과 과정이라면, 단계별 기초 어휘 반복 누적률에 대한 연구를 진행하고 또 기본 문형을 단계적으로 어떻게 배치해야 할 것인지 등 교과서 개발의 기술적인 문제가 깊이 있게 연구되어야 한다. 이것은 그동안 국어 교육의 방식이 매우 정교하게 발전하여 왔기 때문에, 가능하다면 한국어 교육 학계와

국어 교육 학계가 공동으로 연구한다면 빠른 시일 내에 이러한 과제를 용이하게 해결할 수 있다고 전망한다.

국내외의 제도권과 비제도권에서의 교육 대상자가 매우 다양하다. 따라서 이들 교육 대상자의 눈높이에 맞는 다양한 교육 과정의 개발과 교재 개발을 해야 하며, 교육 환경에 대한 정밀한 분석과 그 환경 변화에 대한 적절한 예측력을 확보하는 일에도 관심을 가져야 한다. 일본어 교육 수요자가 1960년에서 1980년 사이 20여 년간 가파른 추세로 늘어나다가 1990년 이후 급격하게 줄었던 사례를 소홀하게 평가해서는 안 될 것이다.

교재의 형태도 꼭 텍스트 형식이 아닌 녹음테이프와 교재, 비디오테이프나 DVD와 교재 등 매체를 활용한 교재 개발이 필요하다. 또한 산업연수나 직업 현장에서 일을 하면서 학습할 수 있는 라디오 방송 교재 개발이나 가족과 함께 TV나 DVD를 보면서 학습할 수 있는 교재 개발도 필요할 것이다. 출신 국가별 한국어교재(언어별·진도별) 개발 및 홈페이지, 미디어 자료 제작, 양국어로 된 문화이해 프로그램 개발 등의 사업을 펼쳐야 한다.

무엇보다도 중요한 것은 교재 개발에 대한 전략적 대처가 절실하게 필요하다. 현재 한국어 교육을 위한 교재는 매우 다양하다. 우리나라에서 발행한 교재에서 현지에서 개발한 교재에 이르기 까지 수천 종에 이르지만 제대로 기획된 교재는 손꼽을 정도이다. 교재 역시 한국어 능력 향상을 위한 어휘, 문형을 단계별로 어떻게 배치하고 또 그 누적 효과를 어떻게 증진 시킬 것인지에 대한 치밀한 연구가 선행되어야 할 것이다. 그리고 교과 내용에 있어서도 상대 국가의 문화와 역사를 어느 비율로 반영할 것인지에 대한 연구가 뒤따라야 할 것이다.

앞에서도 밝힌 바와 같이 〈세종학당〉은 다양한 학습 수요자 가운데 현지 일반 대중을 위한 한국어 교육의 확대라는 설립 목표에 따라 교재의 수급 계획에 대한 획기적인 방안이 마련되어야 한다. 외국에서 한국어를 배우고 싶지만 교재를 구하지 못하거나 가격이 비싸 구입하기 어렵다는 요구를 많이 들어 왔다. 〈세종학당재단〉에서는 치밀한 표준 디지털 교재를 개발하여 온라인을 통해 누구나 손쉽게 학습 교재를 구득할 수 있도록 지원해야 할 것이다.

4) 교육평가의 표준화

교육 평가는 교원들의 학습역량 평가와 피교육자들에 대한 학습 성취도에 대한 평가로 구분할 수 있다. 다음으로는 한국어 교육 평가에 대한 연구가 매우 부족하다. 결국 교육의 질적 향상을 위해서는 교육 평가의 잣대가 개발되어 보다 향상된 한국어 교육 방식의 개발이 이루어져야 할 것이다. 이러한 당면한 문제점을 해결하는 일은 한국어 교육을 담당하는 전문가들의 몫만은 아니다. 정부의 주요 정책 결정자들과 교육 전문가 그리고 현장 교원이 함께 힘을 모아 점진적으로 한국어 교육을 발전시켜 나가야 할 것이다. 그러나 현재 한국어 교육의 국가 전략적인 정책으로 선택하고 있지만 이를 위한 효율적인 전략은 아직 제시되지 않고 있다. 가능하다면 한국어 교육의 전반을 이끌어 나갈 수 있는 국가 통합 정책기관의 설립과 함께 한국어 교원 연수 시설 등의 확장이 절실하게 필요하다.

윤윤진(2009)은 학생 모집에 있어서 고급 인재 확보의 어려움과 한국어 교육의 표준화 문제, 교수 평가의 표준화가 미비함을 지적하고 있다.[18] 또한 교수진이 조선족과 한국인 그리고 원어민으로 구성되어 있는데 특히 원어민 교원의 한국어 능력이 떨어지기 때문에 교육의 질적 문제가 제기 될 수 있음을 지적하고 있다.

이러한 상황에서 한국어 교육을 직접 담당하고 있는 국외 교원들이 반드시 인지해야 할 미래의 한국어 교육의 발전 방안에 대한 전망을 기술하고자 한다. 특히 중국의 현지 교원들과 기탄없는 의견 교류를 하는 이 초청연수의 의미를 매우 중요하게 판단하고 있다.

5) 우수 교원의 양성

2005년 이후 〈국어기본법〉이 발효되고 한국어 교원에 대한 자격증을 문화체육관광부 장관이 수여하도록 규정한 것은 한국어 교육을 더욱 체계적으로 발전시키고자 하는 학계와 정책 당국자들의 의지가 반영된 매우 고무적인 일이라고 평가할 수 있다.

한국어 교원 양성 및 재교육 문제도 〈세종학당〉의 설립 철학에 걸맞도록 현지 교원들에 대한 교원자격을 강화할 필요가 있다. 그러기 위해서는 전 세계의 활동하고 있는 교원들의 네트워크 구축이 시급한 과제이다. 교원 인적 네트워크를 통해 교원의 양성의 수급 조절을 함과 동시에 재교육을 위한 단계적인 계획을 마련할 필요가 있

18 윤윤진. 2009.「길림성 내 대학교에 개설된 한국어학과 현황 조사 분석 보고」. p. 32~36. 양주대학교 연례학술발표회.

다. 한국어 교육의 주체인 교원인 인적 관리가 〈세종학당〉 사업의 지속적인 성공의 열쇠라고 할 수 있다.

교육현장 구성도 국가별 권역별로 자치권을 인정하여 현지 한국어 교원 자격시험을 비롯한 교원 관리의 역양을 키울 수 있도록 교원 재교육과 교재 개발 등을 역할을 수행할 수 있도록 지원해 줄 필요가 있다. 예를 들면 낙스(NAKS)를 통해 미주지역을, 동남아한국어교원협의를 통해 동남아시아지역의 한국어 교원자격 검증 실시 및 재교육을 실시할 수 있도록 지원해 나가야 할 것이다.

6) 정부 부처 간의 업무 조정

새로운 한국어 교육 환경 변화에 따라 정부 예산 배분 방식이 보다 합리적으로 운용되어야 한다. 우리나라가 교육에 쏟아 붓는 예산(GDP의 8%)은 세계 1위이지만 지식 생산성은 세계 40위이며, 세계경제포럼(WEF)에서 한국의 교육의 질을 세계 80위로 평가하고 있는 이유가 어디에 있는 것일까? 이러한 현상의 이유가 창의성과 효율성의 부재나 과열 입시 경쟁의 결과에 있다고만 치부할 수는 없다. 오히려 그보다는 눈에 보이지 않는 예산 배분 방식이 이러한 결과를 초래했다고 볼 수 있다. 왜냐하면 국가 재정의 배분이 새로운 과업이나 과제에 대한 정밀한 분석의 토대 위에서 재정 운용의 합리성과 효율성을 고려하여 결정되기보다는 정부 부처 간의 역학 관계(파워)나 정치적 고려에 따라 이루어지는 경우가 있기 때문이다. 쉽게 말하자면 비효율적인 재정 운용의 방식이 교육 시스템을 교란시키고 있다는 것이다. 한국어 교육의 정책 수립과정도 이러한 관행과 무관하지 않다. 정책이 국가 발전에 어떻게 기여하는가, 어떤 효율성을 기대하는가라는 잣대를 기준으로 하여 예산 배분을 탄력적으로 조정해야 함에도 불구하고 정부 부처 내부에서 초기부터 예산 한도(실링) 내에 예산을 편성하기 위한 눈에 보이지 않는 역학 관계(파워)와 연동하여 계획이 수립될 수밖에 없는 경우가 많은 것이 현실이다. 따라서 새로운 과제에 대한 예산 배정은 그만큼 힘들고 지난한 일이 될 수밖에 없다. 이러한 현실을 개혁하는 일 또한 한국어 교육학계가 관심을 가지고 해결해야 할 과제이다. 어느 부처에 예산이 많은지를 살피는 일보다 어느 부처에 예산이 더 확보되어야 하는지에 대한 논리적이고 체계적인 관심을 가짐으로써 우리의 교육 현실이 한 단계 더 발전할 수 있을 것이다.

7) 교육 현장 구성

교육 수요자 층이 다변화되었기 때문에 교육의 현장을 구성하는 일 또한 매우 정밀하게 환경을 분석하고 대처해야 할 문제이다. 우선 국내의 경우 비제도권의 한국어 교육 수요자는 주로 국제결혼 이주 여성, 외국인 근로자, 주한 미군, 외교관(가족)이 그 주된 대상이고, 제도권의 한국어 교육 수요자는 유학생, 다문화 2세대가 그 대상이다.

비제도권의 교육 현장은 소규모 단위로 구성되는 특징을 보이고 있으며 매우 산발적이다. 특히 여성 결혼이민자의 교육 지원 부문은 정부와 지방 정부가 마치 경쟁이라도 하듯이 비효율적, 전시적인 방식으로 진행하고 있어 우려를 금할 수 없다. 다문화가족지원센터, ABT(Active Brain Tower) 대학, 사회통합 특성화 대학 등을 중심으로 비계획적인 방식으로 학습 현장이 구성되고 있어 국가 재정의 비효율적 집행이라는 비난을 면할 수 없는 실태이다. 구조적으로 이주 여성의 교육 현장을 구성하기에는 매우 큰 어려움이 있다. 따라서 부부 중심의 학습 체계나 방문 학습 체계 구성이 비교적 효율성을 높일 수 있는 학습 현장 구성의 대안이라고 할 수 있다.

그 외 국내 진출 외국인 근로자에 대한 교육은 자국에서 어느 정도 한국어 학습을 마친 뒤에 입국하지만 이들의 의사소통을 위한 교육 환경 구성은 대개 봉사 조직을 통해 이루어지는데 지자체, 후원회 등에서 약간의 교육 경비를 지원받아 산발적으로 교육이 진행되고 있는 실정이다.

제도권 교육의 경우, 우선 국내 유학생들에 대한 한국어 교육은 국제교류재단과 교육부에서 효율적으로 잘 운영되고 있어 큰 문제는 아니다. 다문화 2세대의 한국어 교육 지원은 단순하게 국어 교육의 연장이라고 생각할 수도 있으나 초등학교에 입학하기 이전에 유아 교육에서부터 한국어 교육이 강화되어야 한다. 그리고 이들을 효율적으로 지도하기 위해서는 한국어 전문 교원을 특수교사로 선발하여 교육을 담당하도록 해야 한다.

국외의 경우, 제도권은 그 나라에 한국어학과가 개설된 각급 제도권 학교에서 한국어를 지도하는 방식이 가능하다면 큰 문제가 없다. 미국은 TESOL(영어를 모국어로 하지 않는 사람들의 영어 능력 향상을 위한 효과적인 교수법을 배우는 전문 분야)을 기준으로 제도권 교사를 선발하여 공식 학교에서 교육하기 때문에 교육 환경은 문제가 되지 않는다. 국외 비제도권으로 미주 지역의 한국학교(흔히 '한글학교'라고 하기도 함)나 교육부 산하의 한국교육원, 문화체육관광부의 한국문화원처럼 비공식적인 교육 현장이 있다. 국외 비제도권 한국어 교육은 재외 동포 및 재외 현지인이 주로 대상이 된다. 재외 동포 한국어 교육 현장 중 미국 지역에는 재미한국학교협의회(NAKS)를 중심으로 일선 한국학교 교사 단체가 잘 결속되어 있으며, 교육 현장도 자발적으로 형성이 되어 있다. 그리고 현지 외국인에 대한 교육 지원을 위해 최근 국립국어원에서 추진하는 세종학당 프로그램은 최소 경비로 최대 효과를 얻을 수 있도록 현지 공관이나 대학의 시설을 활용하고 있다.

교육부는 재외 한국교육원을 중심으로 현지 교포들에 대한 교육 지원을 하고 있으나 주로 체계를 갖추지 못한 한국어 교육과 문화 교육(사물놀이나 부채춤, 음식 만들기)이 실시되는 정도이며, 재외 동포 지원 부문은 재외 교사들의 행사 지원이나 국내 초청 교육 프로그램을 운영하고 있는 수준이다. 한국어 교육의 수용자가 2000년을 전후하여 급격하게 늘어났으며, 또한 교육 수요자 층의 범위가 매우 다양해졌음에도 불구하고, 체계적이고 효과적인 한국어 교육 지원 정책은 전무한 상황이라고 해도 과언이 아닐 것이다.

8) 세종학당 운영의 효율성

〈세종학당〉 설립 기본 목표 가운데 하나인 현지 외국인에 대한 개방적 교육 프로그램이라는 측면에서 대학을 연계한 현재의 방식에서 더 나아가 해외 문화원, 교육원 등이 유관기관과의 협력도 필요하지만 무엇보다도 저비용 고효율이라는 설립 정신에 따른 온라인 〈세종학당〉으로 발전시킴으로써 장기적인 안정성을 도모할 수 있을 것이다. 이미 〈U-세종학당〉 설립을 위한 기본 설계가 마련되어 있는 상황이기 때문에 궁극적으로는 온라인 〈세종학당〉으로 발전시킬 수 있는 장기적인 목표를 수립해야 할 것이다.

3. 교재개발의 발전 전략과 미래

3.1 한국어 교육을 위한 교재의 현황

한국어 교육을 위한 교재는 교재 개발의 주체에 따라 국내 교재와 국외 현지 교재로 구분된다. 이를 좀 더 미시적으로 구분하면 아래의 도표와 같다.

〈표2〉 한국어 학습 교재

	국내	국외
1. 대학	대학기관	대학기관
2. 상업출판사	상업출판사	상업출판사
3. 산업체/ 공공단체	해외노동자 교육 다문화가정 교육 교재	해외 송출 노동자 교육을 위한 교재

현재 유통되고 있는 교재에 대한 종합적인 조사 분석이 이루어지지 않은 상황이지만 대학기관에서나 책임 있는 상업 출판사에서 간행된 교재는 신뢰도가 보장되지만 상업출판사나 산업체 등에서 비전문가들이 제작한 교재에는 대단히 많은 문제가 있다.

한국 유학·취업·이민을 준비하는 베트남 사람들을 위해 베트남 현지에서 제작한 〈한국어 속성 과정〉 교재는 『속어복베-한』, 『베-한어기회화』이라는 해독이 불가능한 제목으로 되어 있다. 내용은 더 심했다. 한글 문장에 붙은 발음과 베트남어 해석 본문에는 "공휴일이 일요일과 겹쳤어요", "누나한명, 형 한명이 있습니다", "그애가 내 첫아 입니다", "뷔에는미가몹시퍼붓고있습니다" 등 오·탈자 투성이에다 맞춤법과 띄어쓰기가 엄청나게 틀린 문장들로 구성되어 있었다.

해외에서 개발된 교재들은 대부분인 많은 문제점이 있다. 특히 동남아 지역에서 간행되는 한국어교재가 많은 문제를 안고 있기 때문에 지난 2008년에 국립국어원에서는 아시아 지역 5개 언어로 된 읽기, 쓰기, 말하기, 듣기 4가지 영역에 걸친 『초급 한국어』 교재를 중국어 · 베트남어 · 타갈로그어(필리핀어) · 태국어 · 몽골어 5개 국가어로 만들어 보급한 적도 있다.

한국어를 배우려는 세계인들에게 한국 문화와 한국어를 바르게 이해할 수 있도록 수준 높은 교재를 개발하여 보급하는 일은 무엇보다도 우선되어야 할 과제이다. 그러나 교재의 질적인 문제도 중요하지만 국가 간의 환차 때문에 좋은 교재가 공급되지 못하고 있다.

따라서 양질의 교재를 개발하여 온라인 북으로 전면적인 공개를 할 수 있도록 국가적 지원과 배려가 절실하게 필요하다고 판단한다. 그러기 위해서는 한국어 교재의 현황에 대한 정밀한 조사와 문제점을 찾아내고 또 우수한 교재 개발을 위한 학계의 논의를 모아나가야 할 것이다.

3.2 교재의 유형과 교재개발의 방향

앞에서도 언급했듯이 한국어 학습 수요자 층이 너무나 광범위하기 때문에 수요자 층의 눈 높이 맞는 교재를 개발하는 일은 너무나 중요한 과제이다. 먼저 한국어 학습을 위한 교재와 보조 교재의 유형이 어떤 것이 있는지 먼저 살펴보자.

〈표3〉 한국어 학습 교재

	교재	학습보조 교재
1. 범용교재	1. 초중고(3단계) 학습교재	오디오, 비디오
	2. 6단계 학습 교재	
2. 권역별 맞춤교재	1. 국내 개발 교재	오디오, 비디오
	2. 현지개발교재	
3. 주제별교재	1. 어휘	어휘카드, 어휘사전, 게임
	2. 음운, 발음	발음사전
	3. 문형 및 문법	문형 및 문법 사전

교재의 유형은 〔표-3〕에서처럼 다양하게 분류할 수 있다. 학습 수요자 층을 고려하지 않고 가장 일반적으로 활용되는 교재는 범용교재라고 할 수 있다. 범용 한국어 교육 과정을 3단계(초급, 중급, 고급)나 6단계(초급1-2, 중급 1-2, 고급 1-2)로 구분하여 교재개발이 이루어지고 있다. 현재 단계별 범용교재가 안고 있는 문제점으로는 한국어 교육의 기본 교육철학이 반영되지 않아 일방적 한국어와 한국문화에 대한 내용만으로 구성된 것이 대부분이다. 중국이나 베트남 교육대상자에게 "미스터 브라운씨", "미스 잔"과 같은 인물이 출현하거나 "한국의 선비 정신"이니 "한국의 세종대왕"만을 대상으로 한 내용만으로 구성이어서는 안 된다. 상대국가의 문화적 배경을 교재 내용에 충분히 반영할 수 있도록 기획되어야 한다. 특히 〈세종학당〉이 지향하는 문화 연대와 상호공존과 상생이라는 언어문화 다양성을 존중하기 위해서는 교재에 담길 내용도 한국 언어 문화의 일방적 전파를 전제해서는 안 된다. 예를 들면, 각국의 문화를 존중하는 관점에서 현지의 인명, 지명을 가능한 한 많이 등장시킬 필요가 있는 것이다.

범용 교재의 핵심적인 문제점인 어휘 반복 빈도율을 고려한 단계별 문형 배치를 고려한 교재는 거의 없다고 해도 과언이 아니다. 단계별 기초어휘의 반복 누적률을 충분히 고려하여 1단계에서 6단계의 교재로 학습한 학습자가 한국어에 대한 기초 어휘를 효율적으로 학습할 수 있도록 기획되어야 하는 것과 마찬가지로 기본 문형을 효율적으로 배치하여야 한다.

21세기에는 일방적으로 자국을 알리는 방식보다는 상대의 언어와 문화를 존중하고 이해하려는 태도를 취하는 것이 필요하다. 〈세종학당〉 교재는 교육 대상자의 층위가 매우 다양하기 때문에 교육 대상자의 층위에 따른, 교육 대상자의 언어권에 따른 보다 미시적인 교재 개발이 이루어져야 하며 그 전제 조건으로 교육과정 개발이 미세하게 이루어져야 할 것이다.

또 한 가지 중요한 관점은 한국어 교육이 국어교육의 연장이라는 안일한 방식으로 진행될 경우 결코 성공적인 교육이 이루어지지 못할 것은 자명한 일이다.

한국어 학습 교재는 수요자 층을 고려하지 않은 범용교재(general-purpose textbooks)를 대상 학습자 층을 정밀하게 고려하여 발전시킬 가능성은 얼마든지 있다. 범용교재는 교육과정에 맞는 치밀한 교재구성이 가능하다는 측면에서 매우 유리한 점도 있지만 학습 대상자의 수업 능력이 고려되지 않거나 학습대상자의 문화나 역사 환경을 고려하지 않는 다는 약점도 있을 수 있다. 앞에서 기술한 바와 같이 〈세종학당〉의 설립 정신과 목표를 "문화 상호 이해 존중"이라는 관점에서 두고 본다면 범용교재는 일방적 언어 교육에 치우칠 가능성과 학습 상대자의 역사나 문화를 고려하지 않는다는 약점이 있다. 예를 들면 쇠고기를 식용하지 않는 문화권에 "쇠고기 한 근이 얼마이지요?"라는 지문이 들어간다든지, 지하철이 없는 학습 대상자 층에 지하철에 대한 지문이 나타나는 등과 같은 문제가 생겨날 수 있다. 특히 범용교재에 지문에 나타나는 화자와 청자의 관계가 대부분 미국인이나 일본이 또는 한국인 이름으로 등장하는 사례는 언어 지배적 방식으로 구성해온 교재 개발의 전형적인 양상이라고 할 수 있다.

교육 대상자별 또는 출신 국가별보다 세분화되고 미시적인 교육 방식과 교재 개발의 전략이 수립되어야 한다. 따라서 교육 대상자별 다양한 교과과정 개발이 우선되어야 할 것이다. 그러나 현재 범용 한국어 교육에 대한 교과과정을 근거로 한여 수준별 단계별 교재개발이 진행되고 있어서 매우 혼란스러운 모습을 보여주고 있다. "문화 상호 이해 존중"이라는 관점에서 〈세종학당〉의 설립 정신을 존중한다면 범용 교재가 아닌 학습 대상자에 따른 현지 맞춤형 교재(Locally customized textbooks)가 보다 적절할 것이다.

교재의 보급이라는 문제도 매우 중요하다 아무리 좋은 교재를 개발했더라도 이를 보급하는 일은 국가 간의 환차 때문에 교재 보급이 원활하지 않다. 따라서 〈세종학당재단〉에서는 표준 교재 개발과 함께 이를 권역별 교재로 현지 교원들을 중심으로 재구성하는 일과 이를 온라인 북으로 개발하여 무한 공개할 필요가 있다.

따라서 온라인 한국어 교육 전문 교재 도서관을 개설하여 전 세계 모든 한국어 학습 수요자가 손쉽게 열람할 수 있는 준비를 해야 할 것이다. 장기적으로 온라인 세종학당의 확대를 위해서도 필요한 조치라고 생각한다.

그 외에 효율적인 한국어 교육을 위한 다양한 학습도구와 학습자료 개발이 필요하다. 특히 부실한 사전으로 인해 제2언어로서의 학습자들에게 큰 혼란과 의문을 제기하는 일이 빈번하다. 예를 들어 '한국어', '중국어', '일본어', '영어', '아랍어', '히브리어'와 같이 한자어로 복합된 말은 붙여 쓰지만 '키큐 어', '뱅갈 어', '바스크 어', '유키 어', '와포 어', 엘살바도르에서 사어로 알려졌던 '카코페라라 어'와 같이 원어와 한자어로 복합된 어휘는 띄어 쓰도록 되어 있다. '동해',

'남해', '서해', '지중해', '북해', '남중국해', '흑해', '홍해'와 같이 '해(海)'와 결합하는 복합어도 마찬가지로 붙여 쓰지만 '에게 해', '발트 해', '카스피 해', '오만 해', '카리브 해'와 같이 외국어와 한자가 복합된 어휘는 전부 별개의 단어로 인정하여 띄어 쓰도록 규정을 확대 해석하여 사전 편찬자가 임의로 띄어쓰기를 지정하고 있다. 이와 같은 한국과 북조선의 어문 규범의 차이로 인한 당혹감을 어떻게 해소시킬 수 있을 것인가? 제2언어로서의 학습자들을 지원할 수 있는 정교하고 다양한 한국어학습사전의 편찬이 절실하게 필요한 일이다.[19]

3.3 기초어휘 선정과 문형의 단계별 배치 전략

교재 개발의 기술적인 문제에 대해 살펴보자. 교재는 교육과정에 따라 수업 시수를 배려하여 고도로 정밀하게 구성되어야 한다. 교재의 내용 문제는 교육의 목표와 교과과정의 방향에 따라 구성될 문제이지만 교재의 구성 문제는 듣기, 말하기, 쓰기, 읽기 등의 영역별 어휘, 음운, 문법의 단계별 배치와 누적 효과를 얻을 수 있도록 구성되어야 한다.

먼저 어휘 배치에 대한 논의를 위해서는 외국인 학습자가 가장 긴요하게 알아야 할 기초어휘를 등급별 조사된 자료에 근거할 수밖에 없다. 국립국어원에서는 한국어 및 국어 교육의 기초적 연구로 이미 기초 어휘 조사를 시행한 적이 있지만 이를 활용하여 교재개발을 한 사례는 아직 없는 것 같다.[20] 본고에서는 이 가운데 단계별

19 국립국어원·한국어세계화재단. 2006. 『Learner's Dictionary of Korea(외국인을 위한 한국어학습사전)』. 신원프라임. 이 학습사전도 이러한 근본적인 문제는 전혀 해결되지 않았다.
20 조남호. 2002. 『현대 한국어 사용 빈도 조사』. 국립국어원.

어휘 누적률로 고려한 문형 배치에 대한 문제점을 지적하는 정도로 교재 개발의 전략적인 방안을 제시하고자 한다. 연구 대상 자료는 국내에서 가장 신뢰도가 높게 평가받고 있는 연세대학교 한국어학당에서 간행한 6단계 한국어 교재 가운데 초급 과정인 1-1, 1-2과정의 교재로 한정하고 형태소분석기[21]와 어휘 검색 시스템 〈감짝새〉를 활용하여 분석하였다.

1-1 단계 교재에서는 전체 어절 수가 8,876개이며 실제 단어의 종류는 2,456개이다. 또 1-2 단계 교과서는 전체 어절 수가 10,741개이며 실제 단어의 종류는 3,244개이다. 초급 1-1단계와 1-2단계에 나타나는 기초어휘를 대비해 보면 실현 어휘 수는 2,456개이지만 곡용형과 활용형의 반복 누적의 결과이기 때문에 기초어휘가 매우 빈약한 실정이다.

품사별로도 명사(NNG)형과 동사(VV)나 형용사(VA)를 단계별로 배치한 다음 단계별 누적률을 고려한 지문을 만들어야 할 것이다. 초급 단계에서 사용된 어휘가 중급 단계에, 또 중급 단계에서 고급 단계에 누적될 수 있도록 세심한 배치를 한 교재 구성을 해야 할 것이다.[22]

초급 단계에서 '합쇼체'와 '해요체'가 1단계 학습 교재에 함께 나타나거나 이유나 원인 을 나타내는 '-니까', '-므로', '-아서', '-할세', '-기 때문에'를 단계별로 어떻게 배치할지에 대한 충분한 고려가 선행될 필요가 있다.

이유나 원인을 나타내는 접속어미를 초급 단계에서부터 '-니까',

---

21 형태소분석을 위한 태그 범위는 명사(NNG), 의존명사(NNB), 대명사(NP), 수사(NR), 동사(VV), 형용사(VA), 보조용언(VX), 부정 지정사(VCN), 관형사(MM), 부사(MAG), 접속부사(MAJ), 감탄사(IC)로 구분하여 태그를 한 이후 분석한 어절 자료를 활용하였다.

22 구체적인 범주별 어휘 실태와 누적률에 대한 논의는 별도의 논문에서 논의할 예정이다.

'-므로', '-아서', '-할세', '-기 때문에'를 모두 지문에 나타내어야 할 필요가 전혀 없다. 기본적 문형과 수사적 확장을 나타내는 어미를 단계적으로 구분하여 교재 편성에 지침으로 삼아야 할 것이다. 또한 문형 배치에 대해 살펴보자. 예를 들어 의문형의 합쇼체와 해요체가 초급 1-1단계에서부터 섞여 있다.

〈표4〉 문말어미의 출현 빈도

문말어미	실현회수	실현빈도
썼습니까	000001	(0.01127%) [66.09959%]
써요	000001	(0.01127%) [66.08833%]
없습니까	000002	(0.02253%) [72.74673%]
없어요	000001	(0.01127%) [72.93826%]
만났습니까	000001	(0.00931%) [35.14570%]
만났어요	000004	(0.03724%) [35.19225%]

[표-4]에서 '쓰(書)-', '없(無)-', '만나(逢)-'의 의문형 문말어미가 '-ㅂ니까'형과 '-요'형이 거의 비슷하게 출현된다. 최근 대량코퍼스 자료를 분석하더라도 '-요'체가 83~86%정도로 우세하게 실현되고 있는 점에서 외국인을 위한 초급 교재에서는 '-요'체를 중심으로 구성하는 것이 훨씬 효과적일 것이다. 이러한 단계를 거쳐 고급 문법 단계에서 '합쇼', '하오', '하게'체를 익히도록 하는 문형의 단계적 지도 방안이 마련되어야 할 것이다.

연세대학교출판부에서 개발한 교재를 살펴보면 등급별 차이가 너무 크고, 내용과 구성이 현지 학습자에게 적절하지 않는 부분이 매우 많다. 범용교재가 갖는 한계점이기도 하지만 〈세종학당〉 설립 정신에 맞도록 현지 전문가들을 통해 교과서를 개발하고 또 교수법 등의 개발을 각 지역협의회에서 분산시켜 위임할 필요가 있다. 현지 교원들이 참여하는 한국어 교과위원회를 만들어 현지에서 한국어 교과서를 만들 수 있도록 지원하는 정책을 펼쳐야 할 것이다.

교재에 대한 교수 방법에 대한 지원이 없기 때문에 교원 간에 교육 방법이나 질적인 차이가 발생하지 않을 수 없다. 〈세종학당재단〉에서는 교재 편찬위원회를 구성하여 교재 편찬에 대한 기본적인 방향을 설정하고 집필은 권역별 현지 교원과 고동으로 추진하는 것이 바람직할 것이다. 그리고 교재 편찬과 더불어 교수방법을 지원하는 체제를 구축해야 할 것이다.

4. 결론

이상에서 현재 중국 내의 정규 교육체계 내에서 시행되고 있는 한국어 교육의 문제점은 1) 한국어 교육의 목표 정립, 2) 교원 자질 향상, 3) 교육과정의 표준화, 4) 양질의 교재 개발, 5) 교육 연구 강화, 6) 교육 평가의 표준화를 비롯한 7) 우수 인재 유치 전략과 학생들의 장래 진로 및 취업 방안 등의 문제점을 제시하였다.

이처럼 제도권 정규교육에서도 이처럼 많은 문제가 제기되고 있듯이 비제도권에서의 한국어 교육은 엄청남 많은 문제를 안고 있다는 말이다. 고용허가제에 따른 취업지자 발급을 위한 한국어능력 시험의 시행에 따른 비리와 부조리 문제는 자칫 한국의 이미지를 흐리게 할 수 있으며, 한국 정부의 지원을 강화해 달라는 현지의 목소리도 그냥 흘러 넘길 일이 결코 아니다.

한국어 교육의 진흥을 위한 내적 조건과 과제는 한국어 교육 관련 사항으로 정책 기관, 교육과정 개발, 교재, 평가 도구, 교수 학습 분야에 대한 연구와 프로그램 개발, 각종 자료 개발을 들 수 있다. 이러한 내적 조건을 강화하기 위해 우리가 추진해야 할 몇 가지 정책 방안을 요약하면 다음과 같다.

첫째, 정책 기관의 역할 분담을 적절하고 신속하게 조정해야 한다. 현재 한국어 교육 업무 수행 기관 및 소속 교육 기관은 다음과 같이 분산되어 있어 비효율적인 점이 있다. 정부 여러 부처에 흩어져 있는 재외 동포 지원, 외국인을 위한 한국어 교육 등에 중복 투자가 많아 국무총리실 주관으로 '한국어 국외보급사업협의회'라는 조정 협의체가 만들어져 있다. 여기에 참여한 부처는 국무조정실, 교육부, 외교부, 문화부 4개 부처와 한국연구재단, 국립국제교육원, 한국교육과정평가원, 국립국어원, 국제교류재단, 재외동포재단 등 6개 사업 기관이다. 이명박 정부에 들어서서 한국어 국외 진흥 사업을 중점 추진 과제로 선정하여 교육부와 문화부를 중심으로 한 동포 한국어 교육 지원 전문 사업 기관과 외교통상부를 중심으로 한 외국인 한국어 교육 전문가 지원 사업 기관이라는 2대 축을 중심으로 재편하려는 방안을 마련하고 이를 뒷받침하는 운영 규정도 만들어져 있지만 큰 변화가 보이지 않는다.

둘째, 한국어 교육과정의 표준화와 다양화 전략을 수립해야 한다. 전 세계 한국어 교육 기관에서 이루어지고 있는 한국어 교육의 양상은 매우 다양하다. 가정에서 비계획적으로 무의식적으로 벌어지고 있는 교육에서부터 의도적, 체계적으로 이루어지고 있는 학교 교육과정의 양상은 다양하다.

따라서 한국어 국외 교육의 방향은 학습자 언어권별 교육과정을 마련할 필요가 있다. 영어권, 일어권, 중국어권, 남아시아권, 러시아 중앙아시아권, 유럽어권, 남미권 등으로 구분하여 현지 사정에 맞는 교과과정과 교재 개발이 이루어져야 한다. 따라서 권역별 한국어 교원위원회를 구성하여 그들로부터 교과과정과 교재 개발을 추진해야 할 것이다. 자국어 교육의 국어 교육과정과 비교할 때 한국어 교육과정은 매우 복잡하고 다양하다. 이러한 교육과정은 요구 분석, 상황 분석, 교육 목적과 목표 분석, 교육 내용 구성, 교재 개발, 교수 학습 방법 제시, 교육 평가 방안 제시 등을 포함하여 이를 정책적으로 지원하는 기관이 없기 때문에 오는 혼란을 피할 수 있는 방안 마련은 매우 시급한 문제이다.

또한 재외 국적 동포(이민) 자녀 가정교육, 한국적 유학, 주재원 자녀 가정교육, 새터민 및 자녀 가정교육 등 국외 동포 국적별 교육과정 개발, 정규 초중등 교육과정, 정규 고등교육 교육과정, 특별 교육과정, 특수 목적 교육과정 등 다양한 교육과정 개발을 위해 국가적 지원과 이를 통괄할 재외 교육지원사업단 구성이 필요하다.

셋째, 국가별 한국어 교원들의 네트워크 강화와 아울러 교원 재교육 지원 정책의 개발이 필요하다. 현재 미주지역의 교사협의회인

낙스(NAKS)와 동남아시아권 한국어 교사협의회, 중국의 한국어 교육연구회 등의 네트워크를 보다 강화하여 교육지원과 문제점 개선에 적극 관심을 보여야 할 것이다.

넷째, 현지 우수 교원양성과 재교육을 위한 자격 강화와 재교육 프로그램을 개발이 절실하게 필요하다. 중국 현지에서 원어민 교원과 한국정부 파견 교원 간의 교육 방식의 차이나 교육 목표에 대한 이해도가 서로 달라 많은 문제점이 노출되고 있다. 우수한 국외 인력이 한국의 언어와 문화 역사에 대한 이해도를 증진시킴으로써 새로운 아시아의 협력체계를 공고히 할 수 있는 것이라고 생각한다면 우수 인력 확보와 우수 교원의 양성과 재교육을 위한 다양한 지원이 절실하게 필요하다.

다섯째, 교재 내용의 부실함과 교육 목표의 비표준화가 안고 있는 문제를 해결하기 위해서는 현지 교재 개발을 위한 지원을 강화할 필요가 있다. 교육 현장에서는 교재가 부족하다고 소리를 높이고 있지만 현실적으로 한국에서 교재를 지원할 수 있는 상황도 아니며 나라 간의 환차 때문에 교재의 값의 차이 문제를 해결할 수 없는 일이다.

여섯째, 중국의 한국어 교육 지원은 현지의 고급 인재 유치와 한중 언어, 문화 역사의 경쟁력 강화하는 매우 중요한 국가적 과제이다. 한국어 교육이 단순한 대중 교육이 아니라 새로운 아시아의 미래를 이끌어갈 우수한 인재 교육으로 그 목표를 재조정해야 한다.

Lee Sang Kyu(sglee@knu.ac.kr) is professor in the Department of Korean Language and Literature at Kyungpook National University, Korea.

외국어로서의 한국어 교육을 위한 한국어학

Linguistics and the Teaching of Korean | 김남길

Linguistics and the Teaching of Korean

—

M. Namkil Kim (University of Southern California, USA)

0. INTRODUCTION

This paper, as illustrated at the top, is about the Korean language; to put it more specifically, about how to teach Korean based on Korean linguistics or how Korean linguistics is related to the teaching of Korean. Thus, the paper is supposed to address what Korean linguistics is about and how its theory or content will be applied to the teaching of Korean. However, in the first part of this paper, I will rather discuss general problems of the relationship between (general) linguistics and applied linguistics to which the teaching of language belongs with respect to its theoretical as well as practical orientation. In the second part, the discussion is concentrated on the teaching of Korean from the perspective of discourse analysis, which is considered as an area of linguistics rather than as a separate field of language study unrelated to linguistics. At this juncture, it appears appropriate as well as fair to say that this paper is a result of my attempt to consolidate many scholars' ideas and insights involved in the books cited in reference for the purpose of writing a paper dealing with Korean language teaching.

1. LINGUISTICS

Linguistics is concerned with the study of human language in general and interested in finding generalities, and it tends to represent an abstract idealization of language rather than what we experience through language in the real world. Linguistics, as known by everybody who is engaged in the study of it, is a very broad discipline that presents extremely diverse schools of theories based on linguists' views or stance on language.

Thus, we tend to ignore the importance of language description in the study or practice of language teaching because we are not directly involved with language analysis and description, and we also perceive that the theoretical insights of descriptive linguistics are different from the practical needs of language teaching.

However, the knowledge of various theories, specially the knowledge about the approaches and concepts of linguistic description, is an important part of the working knowledge of any person who is interested in language teaching.

There are two different views of language for its investigation: descriptive and prescriptive. The descriptive view seeks to record the language which people actually use. Contemporary language description takes a synchronic approach by which language is described as it is at a particular moment in time. The descriptive view has led linguists to new insight about language and new ways of talking about and defining units of language.

In contrast to the descriptive view, the prescriptive view formulates rules for what should be said or written. Prescriptive grammar recognizes that language teaching is frequently a case of teaching what should be done. In many cases prescriptive grammar has been equated with pedagogical grammar because the former has tended to adhere to the concepts and terminology of traditional grammar.

The areas of inquiry by linguistics are divided into sound system of phonetics and phonology, morphology, and syntax when an attention is focused on form. Following Widdowson (1996), each area can be defined as follows:

Phonetics: the description of sounds of speech as physical phenomena, how they are produced, and how they are received.

Phonology: the study of abstract systems underlying the sounds of language.

Morphology: the study of the structure of words; of how morphemes operate in the processes of derivation and inflection.

Syntax: the constituent structure of sentences.

2. THE RELATIONSHIP BETWEEN LINGUISTICS AND LANGUAGE TEACHING

In the history of linguistics and its relation to applied linguistics including language teaching, the view that linguistics can be applied to the problems related to language is derived from two traditions: first, the European philological tradition which was exported to the USA through scholars such as Roman Jakobson; second, the North American tradition of linguistics-anthropological field-work which required the intensive use of non-literate informants and the linguistic description of indigenous languages for the purposes of cultural analysis (Davies 2004: 9-10).

Examples of these two kinds of views are well presented by two prominent linguists in the 20th century, L. Bloomfield who is representing the North American tradition and R. H. Robins representing the European tradition. In order to encourage the use of linguistic methods and ideas, Bloomfield (1933: 509) states that 'The methods and results of linguistics —[and] the study of language may help us toward the understanding and control of human affairs' while Robins (1971/1980: 308) expressed that 'The teacher who understands and can make use of the methods of scientific linguistics will find the task of presenting a language to his pupils very much lightened and facilitated.'

Language teachers, following the predecessors' tradition, also turn to linguistics to seek insights and potential solutions to overcome the problems arising in language teaching. It is also very common to see that people engaged in language teaching assume that problems arising in language teaching can be reformulated and be easily solved by the direct and unilateral application of concepts and terms derived from linguistics.

However, this kind of view oversimplifies the natural and desirable state of the discipline of linguistics when observing the continuous flux of development of diverse and varied linguistic theories. One of the difficulties for teachers to apply linguistic theory to their language teaching is that widely differing theories in linguistics lay a drastically different claim to deal with what is important in language; for instance, a sentence grammar fundamentally differs from discourse analysis over the question of just what is the central object of study.

A similar caution is also expressed by Davies (2004: 10) who states that 'it takes for granted that the methods and findings of linguistics are of value to others to solve their problems. But the applications must be carried out either by linguists themselves or by those who have understood and can make use of the methods of scientific linguistics.'

3. THE NEED OF DISCOURSE ANALYSIS FOR LANGUAGE TEACHING

Traditionally linguistics tends to be concerned with investigation of language through the consideration of invented sentences intuitively felt to be acceptable rather than through the study of actual language use in context. Also, it may not be an exaggeration to say that up until the end of the 20th century, language teaching could be characterized as predominantly using the sentence as its basic unit in the presentation and explanation of examples, rules, exercises, and activities. Accordingly, students practiced and learned decontextualized language. The problem arising from studying individual sentences which are separated from the appropriate context is that they fall short of real meaning and consequently language learners are incapable of tying them into unified and meaningful stretches of sentences forming coherent text or discourse.

Under this kind of context, if someone asks "What is the purpose of language teaching?", there may be many possible answers depending on one's experience and need. However, as a teacher, a possible and reasonable answer would be to teach students how to communicate appropriately and well. This kind of view on the purpose of language teaching is well reflected by Olshtain and Celce-Murcia (2001: 705)

It is widely accepted in the field that we teach both "language for communication" and "language as communication." In other words, the objective of language teaching for the learners to be able to communicate by using the target language, even if at times this is limited communication, and the most effective way to teach language is by using it for communication. So, given this premise, the goal of language teaching is to enable the learner to communicate and the method for teaching is for the learner to experience and practice relevant instances of communication.

Based on the above view, they advise that language teaching rely on discourse analysis and suggest that 'discourse analysis should provide the main frame of reference for decision-making in language teaching and learning.' Their rational appears to be based on the belief that 'creating suitable contexts for interaction, illustrating speaker/hearer and reader/writer exchanges, and providing learners with opportunities to process language within a variety of situations are all necessary for developing learning environments where language acquisition and language development can take place within a communicative perspective.'

4. DISCOURSE ANALYSES AND THE TEACHING OF KOREAN

According to many scholars (for instance, Cook:1989, Carter:

1991, Cele-Murcia, M. and Olshtain, E.: 2000, and Olshtain, E. and Cele-Murcia, M.: 2001), discourse analysis can greatly contribute to the teaching of language knowledge of sound systems, vocabulary, and grammar. In this section, we will see how discourse analysis helps both learners and teachers understand and interpret sentences in discourse by looking at prosody in phonology and cohesion in grammar.

Before we start to discuss the teaching of Korean from the perspective of discourse analysis, it seems to be in order to briefly mention what discourse and discourse analysis are. The definition of discourse is varied depending on researchers. In this paper, we will adopt Celce-Murcia and Olshtain's (2001: 237) definition because it clearly shows what discourse is for the purpose of presenting the basic discourse analysis for Korean language teaching. According to them, discourse is 'a continuous stretch of language–oral or written–which has been produced as the result of an act of communication and perceived to be meaningful, unified, and purposive.'

As in the case of the definition of discourse, discourse analysis is practiced by many disciplines for diverse purposes and a variety of approaches. In this paper, we again follow Celce-Murcia and Olshtain's (2001: 4) definition because it plainly express our view (and it is also their view) which regard discourse analysis 'as an umbrella-term for all issues that have been dealt with in the linguistic study of text and discourse'. According them, 'discourse analysis is minimally the study of language in use that extends beyond sentence boundaries.'

4.1 The role of prosody in discourse

The important phonological concepts which are relevant to our discussion on the role of prosody in discourse are phonological word, phonological phrase, intonation phrase and prosodic phrase. These phonological concepts very closely interact with many functions in discourse. Although prosody has various functions in phonology, it has two important functions of communicative management and information management which are particularly related to discourse. According to Celce-Murcia and Olshtain (2001: 36), information management function has two functions: first, it allows the speaker to separate relevant information from utterances and to form it into meaningful word group, and second, it helps the speaker indicate old information (or less important information) and new information (or important information) which is in contrast to the former. The most outstanding function among communicative management information is interaction management function. Let us see now how these functions interact in discourse.

4.1.1 Information management functions

We can present a pause, a change in pitch, and a lengthening of the last syllable as phonological elements which segment information into word groups in Korean. These phonological elements form phonological and intonation phrases in prosodic structure that correspond to a meaningful word group or intonation groups in discourse.

When describing from the speaker's perspective, we can say that the speaker uses prosodic elements in order to mark meaningful word groups, and these word groups are uttered as sentences by intonation phrases. Thus, prosody cannot separate itself from discourse but rather must interact with discourse. Now let us see from the hearer's position how given information is transformed into appropriate groups and understood by him. The hearer first segments a stretch of information into prosodic words and then prosodic phrases, finally forming meaningful word groups. These word groups are through intonation phrases, comprehended by the hearer as utterances containing information (or meanings). As we have seen above, prosody is an essential element which is required for the production and process of understanding language. The prosodic elements which we have briefly studied help speakers produce appropriate sentences which are relevant to contexts and help hearers understand utterances produced by speakers. Let us now examine how prosody functions to form word and intonation groups in discourse as shown in the following English and Korean examples:

(1) a. "Father" said mother "is late."
    b. Father said, "Mother is late."

(2) a. 아버지가방에들어가신다.
    b. (아버지가) (방에) 들어가신다.
    c. (아버지) (가방에) 들어가신다.
    d. (아버지가방에) 들어가신다.

In English example (1), (1a) consists of three phonological phrases and (1b) two phonological phrases. If we analyze (1) into appropriate prosodic elements, it is found that in (1a) *father* is stressed with a high pitch and pause and *said mother* has a low pitch with a pause. The phonological phrase *is late* takes the intonation of rising and falling where *is* starts with a low pitch and *late* has a high pitch. In contrast to this, example (1b) shows that *father* has a high pitch and *said* a low pitch, and there is a pause after the phonological phrase *father said*. The phonological phrase *mother said* takes the rising and falling intonation with a low pitch on *mother* and a high pitch on *late*. What examples in (1) show is that although the two sentences (1a) and (1b) consists of the same words with the same order, they express different meanings due to the distinguished prosodic structure.

Korean examples in (2) are well known for each sentence to express a different meaning, owing to the function of pause. Examples (2 b, c, d) show what kinds of intonation each sentence takes with a different pitch. (The intonation table (3) is adopted from Shin, Kiaer and Cha (2013: 154).

(3)

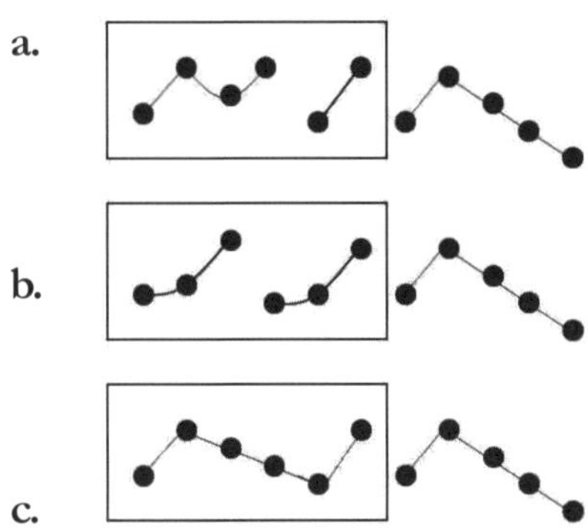

The above prosodic table shows that two prosodic elements of pause and pitch form prosodic phrase and intonation phrase in prosodic level, while in discourse level meaningful word groups are formed through these prosodic phrases, and the meaning (or information) involved in sentences is either produced or understood. Another prosodic function for information management is to distinguish between new and old information, and linguistic expressions with old information are generally uttered by a low pitch, whereas linguistics expressions with new information are uttered by high intonation.

```
        H  H
(4) A: 제가 우산을 잊어 버렸어요.
     H  H
    B: 여자 우산인가요?
        H                    H  H  H
    A: 네, 별이 그려져 있는데 빨간 별이에요.

(5) A: 뭘 도와 드릴까요?
        H  H
    B: 네, 셔츠를 하나 찾고 있어요.
      H  H
    A: 편한 셔츠입니까?
       H  H
    B: 네, 털로 된 편한 셔츠입니다.
```

In the above examples all the newly appearing words indicate new information and are uttered with high pitches. This means that the words expressing new information are marked with special prosody.

4.1.2 Communicative management functions

A typical example of communicative management function is the interaction management function which is expressed in a situation of contrast, contradiction, or disagreement. In the case of contrast, some objects or events are in contrast because a speaker shifts the focus of attention from one point to another, or there is a new contrast where there was none before. Observe the following examples to see how interaction management operates in discourse:

```
                H H
(6) A: 저기요, 신선한 고추를 사고 싶은데요. 고추 있어요?
                  H H      H H
    B: 네, 그런데 파란 고추요 빨간 고추요?
     H H
    A: 빨간 고추요.
```

The above example shows that Interlocutor A wants to buy red peppers. In this situation peppers becomes the focus of attention and accordingly take a high pitch. However, Interlocutor B needs to make sure what kinds of peppers Interlocutor A wants because there are two kinds of peppers. Because of this reason these two kinds of peppers are in contrast, and the interactional focus between two interlocutors is shifted from peppers to the kinds of peppers, namely the color of peppers. At the final stage the color Interlocutor A wants is focused out of the two colors. In the way that the high pitch is added to the focused object, we can see how prosody functions for interaction management.

The next examples demonstrate how interaction management operates in situations of contradiction and disagreement. Observe the following example of discourse:

```
       H     H H
(7) A: 아—, 더워.
       H
    B: 안 더워.
       H H
    A: 더워.
              H
    B: 그렇게 안 더워.
```

In example (7) Speaker A expresses his feeling of hotness. Responding to Speaker A's utterance, Speaker B expresses his negative opinion with a high pitch in the form of negation. Speaker A, at this time not yielding to B, expresses his assertion with a high pitch, by repeating what he said earlier. Here, Speaker A's expression is in contradiction to Speaker B's and at the same reveals his disagreement with Speaker B. In the final turn, Speaker B tries to persuade Speaker A to minimize his earlier assertion by using the intensifying adverb 그렇게 'that much'. Thus, we can see in (7) that an event in the contradiction and disagreement of opinion are expressed by the accompaniment of pitch prosody.

Another type of interaction management is what is commonly called repair. In language interaction, we often observe that an interlocutor corrects (or repairs) his own or other person's utterance when it is produced by him. This kind of correction is similar to disagreement and belongs to interaction management which is operated by prosodic function. Observe the following discourse:

H H
(8) A: 미국에서 왔죠? 그렇지요?
H H H H H
B: 미국이 아니고 캐나다요.

In example (8), Speaker A, assuming that Speaker B comes from America, asks him whether he came from America. However, Speaker B corrects Speaker A's statement right away by saying that he came from Canada. Here the repaired part, 미국, is supposed to take a low pitch because it is previously-mentioned old information, but contrary to our expectation, it is marked with a high pitch because it is repaired by Speaker B. At the same time the word, 캐나다, takes a high pitch because it is new information. From example (8) we can learn that the repaired part is normally taken care of by pitch prosody and accordingly repairing operation belongs to interaction management in discourse.

4.1.3 The teaching and learning of prosody

As we have seen above, prosody is very important for the production and understanding of utterances in discourse. Later we will briefly consider a couple of methods for learners to improve their prosodic skills to produce and understand a string of sentences in discourse. As a way to improve learning and teaching prosodic skills, Celce-Murcia and Olshtain (2000: 43-4) suggest that learners and teachers practice different kinds of dialogues, some short and others long, which accompany various prosodic features and also reflect authentic interaction. As an example of such material, they present a passage from Tennessee William's play "The Glass Menagerie" as follows:

Amanda: You mean you have asked some nice young man to come over?
Tom: Yep. I've asked him to dinner.
Amanda: You really did?
Tom: I did!
Amanda: You did, and did he – accept?
Tom: He did!
Amanda: Well, well – well! That's – lovely!
Tom: I thought you would be pleased.
Amanda: It's definite, then?
Tom: Very definite.
Amanda: Soon?
Tom: Very soon.
Amanda: For heaven's sake, stop putting on and tell me some things, will you?
Tom: What things do you want me to tell you?
Amanda: *Naturally*, I would like to know when he's coming.
Tom: He's coming tomorrow.

Amanda: *Tomorrow?*
Tom: Yep. Tomorrow.
Amanda: But, Tom!
Tom: Yes, Mother?
Amanda: Tomorrow give me no time.
Tom: Time for what?
Amanda: Preparation!

In order to improve learners' prosodic skill it is recommended for learners to possess basic knowledge about prosodic patterns and the structure of language before they start to practice texts such as one we have seen above. If learners lack this kind of knowledge, they may not be able to identify or repair mistakes of various prosodic elements such as pitch, stress, and intonation when they appear in language which is used in interaction.

When practicing a text like the one above, we can think of two stages. At the first stage learners enhance their listening and pronouncing ability of various prosodic elements by listening at will to a person, like professional actors reading texts without any restriction of place or time. At the second stage learners are assigned roles like the above text and practice it as natural as they can in an environment like the classroom. For instance, when practicing the above text, a passage from Tenessee William's play, three persons may participate in practicing, each playing and changing different roles of Amanda, Tom, and a coach. Here the coach's role is to make sure that the practice is properly done and correct any mistake. In this kind of practice, the teacher's role is to supervise the whole class by monitoring the students' performance and providing feedback to participants. If learners successfully perform this kind of practice, it is certain that they will improve their prosodic skill.

Another activity to improve learners' prosodic skill is suggested by Riggenbach (1999: 2-3), who recommended learners perform the analysis of prosody in discourse by themselves. According to her, learners audiotape or tape conversations, television sitcoms, academic lectures, and telephone announcements and analyze prosodic elements in them. Learners, through this kind of analysis, would have opportunities to see themselves where utterances in discourse text take pauses and what types of pitch or what kinds of intonation they take. Through real experience attained in these kinds of activities, learners can observe and analyze how prosodic features meaningfully operate in authentic live communication without the help of language professionals or teachers.

The two methods of learning and teaching prosody discussed above coincide well with two general teaching and learning methods which were influential at the end of the 20th century. The first method emphasizes that formal language learning will take place as natural as possible and the second suggests that materials used in learning activities make use of authentic materials.

Another good aspect of the prosodic teaching and learning method we have seen in the above is that learning or practicing activities promote self-confidence in learners' minds by performing activities or analyzing materials by themselves, not being directed by teachers or language professionals. In this practice or activity learners discover and understand facts both as active researchers and practitioners rather than as passive students who without any question receive and follow what teachers offer or dictate. Consequently, this type of prosodic practice and activity will certainly bring about a good result to both learners and teachers.

5. GRAMMAR IN DISCOURSE

When we talk about grammar, it normally means sentence-based grammar. The explanation of grammatical forms and their combination is helpful for learners to understand and use the target language structure for the enhancement of their skills in language learning. Thus, the importance grammar in language learning and teaching should not be undermined. Without a command of rich and valuable resources of grammar provided by a good description and account of language, it is impossible to construct natural and sophisticated discourse. So, the analysis of grammatical elements and their structure in the sentence level on the one hand and the other, the analysis of these elements in the discourse level which focus on the study of contextualized uses of structures and grammatical items are inseparable. Both types of grammar should compensate each other for shortfalls found in descriptions and explanations offered by each.

The two important concepts in discourse-based grammar are coherence and cohesion. A good text or discourse displays coherence and textuality which are achieved through the operation of patterns of cohesion. Celce-Murcia and Olshtain (2001: 235) defines coherence as follows:

> The unity of a piece of discourse such that the individual sentences or utterances are connected to each other and form a meaningful whole with respect to the context of a situation, even when the connections do not explicitly link all the propositions in a text together.

Meanwhile, textuality, according to Carter 1991: 35), is 'the feeling something is a text and not just a random collection of sentences.'

5.1 Cohesion and its patterns

As briefly hinted above, the function of cohesion is to allow discourse or texts to achieve unity and meaningfulness, i.e., coherence through cohesive devices (or patterns of cohesion). The main functions of cohesion are illustrated below, following Partridge's (2006: 131) description:

1. Cohesion refers to the relationship between items in a text such as words, phrases and clauses and other items such as pronouns, nouns and conjunctions.
2. This includes the relationship between words and pronouns that refer to words (*reference* items).
3. Cohesion also considers semantic relationships between clauses and the ways this is expressed through the use of *conjunctions*.

4. A further aspect of cohesion is the way in which words in a text (*substitution*) and the ways in which words or phrases are left out, or ellipsed, from a text (*ellipsis*).
5. All of this contributes to the *unity of texture* of a text and helps to make the text cohesive.

The most representative patterns, which are also called cohesive or linking devices, are as follows:

Reference: The use of language to talk about words whose meaning can be recovered by referring to other words or to elements in the context which are clear to interlocutors.

Substitution: The use of language to replace words like do in English and 그래/그렇게 in Korean for a word or group of words which have appeared in an earlier utterances.

Ellipsis: The use of language to omit elements which are normally required by the grammar but can be reconstructed by both the speaker/writer and hearer/reader.

Conjunction: The use of language to show a type of formal relationship between sentences or clauses and another, which is achieved by words or phrases whose function is to link these words or clauses.

Let us now see how these linking devices operate by comparing Korean and English.

5.1.1 Reference and ellipsis

Observe the following Korean and English examples:

(9) a. 철수는 바나나를 샀다. 철수는 바나나를 먹었다.
b. 철수는 바나나를 샀다. 철수는 그것을 먹었다.
c. 철수는 바나나를 샀다. (?) 그는 그것을 먹었다.
d. 철수는 바나나를 샀다. 그것을 먹었다.
e. 철수는 바나나를 샀다. 먹었다.

(10) a. Chelsu bought a banana. (?)Chelsu ate a banana.
b. Chelsu bought a banana. (?)Chelsu ate it.
c. Chelsu bought a banana. He ate it.
d. Chelsu bought a banana. *Ate it.
e. Chelsu bought a banana. *Ate.

Korean and English examples (9) and (10) show three important facts about cohesion. First, in ellipsis the subject and the object, particularly the subject, can be deleted in Korean but English does not allow this kind of deletion. Second, as for reference Korean example (9a) shows that words are repeatedly used as referring expressions and do not take pronominal forms in many cases. Third, in contrast to Korean, English takes pronominal forms to avoid the repetition.

5.1.2 Conjunction

When carefully observing examples in (9), it is found that most of the examples are uncomfortable in acceptability although a different degree of acceptability exists. This is due to the unnatural linking between sentences. Therefore, if we insert the conjunction and/그리고 between two sentences, we have the following kinds of examples.

(11) a. 철수는 바나나를 샀다. 그리고 철수는 그것을 먹었다.
b. 철수는 바나나를 샀다. (?) 그리고 그는 그것을 먹었다.
c. 철수는 바나나를 샀다. 그리고 그것을 먹었다.
d. 철수는 바나나를 샀다. 그리고 먹었다.

(12) a. Chelsu bought a banana. And Chelsu ate it.
b. Chelsu bought a banana. And He ate it.
c. Chelsu bought a banana. ? And ate it.
d. Chelsu bought a banana. *And ate.

Example (11) demonstrates that by adding 그리고, the acceptability of all the examples improved except (11b) due to the smooth linking between two sentences. However, in the case of English linking does not improve the acceptability as shown in (12c) and

(12d), due to the lack of a subject and object. Thus, it's obvious that the acceptability of (12c) is better than (12d). This is due to the improvement of linking, namely cohesion, between two sentences by adding the conjunction, whereby the deletion of the subject is somewhat tolerated. Interestingly this kind of explanation is possible by discourse grammar but not by sentence grammar.

5.1.3 Substitution

As for substitution, let's examine the following examples:

(13) a. A: 순희가 일을 빨리 했어?
b. B: 아니, 순희가 그렇게 안 했어.
c. ? 아니, 그녀가 그렇게 안 했어
d. 아니, 그렇게 안 했어.

(14) a. A: Did Sunhi work fast?
b. B: ?No, Sunhi didn't do so.
c. No, she didn't do so.
d. *No, didn't do so.

As already mentioned above, substitution means that words

such as *one* or *do* are used to replace other words in a text. In examples (13) and (14), we can also detect the problems of repetition and the uncomfortable reference as in the above examples. In example (13) the noun 순희 is repeatedly used without any problem in acceptability as shown in (13a) and (13b).

When we compare Korean examples (13a) and (13b) with English examples (15a) and (15b), it is found that Korean examples are acceptable whereas English ones are not. This is due to the reason that pronominal forms are not richly developed in Korean and the formerly used linguistic items cannot be replaced by pronominal forms in Korean.

Looking now at examples in (13) again, it is found that both (13b) and (13d) are much more natural in use than (13c) because ellipsis is a natural as well as semi-automatic phenomenon. In contrast to this, as shown in (14) English does not allow repetition and ellipsis, but instead requires the obligatory use of pronominal forms.

5.2 The analysis of cohesion in text

In this section we will see how cohesion takes place and in what respects cohesive devices are similar to each other or different from others through the comparison Korean and English. We will compare two English and Korean texts which tell the same story. The text is a passage from the well-known children's storybook 'Winnie-the Pooh'. The Korean text is a translated version from English.

> Here is Edward Bear, coming downstairs now, bump, bump, bump, on the back of his head, behind Christopher Tobin. It is, as far as he knows, the only way of coming downstairs, but sometimes he feels that there really is another way, if only he could stop bumping for a moment and think of it. And then he feels that perhaps there isn't. Anyhow, here he is at the bottom, and ready to be introduced to you. (Winnie-the Pooh)
>
> 자, 봐. 곰돌이가 2층에서 내려오고 있어. 크리스토포 로빈의 뒤를 따라 '툭, 툭 툭' 계단에 부딪히면서 말이야. 사실 곰돌이가 계단을 내려오는 방법이라곤 이것밖에 없어. 물론 때로는 다른 방법이 없나 생각해 볼 때

도 있지. '이 툭툭거리는 걸 잠시라도 멈추고 머리를 짜 보면 무슨 좋은 방법이 있을 것도 같은데.' 하고 말이야. 그러나 그래 봤자 별 뾰족한 수가 있을 것 같지 않은가 봐. 어쨌든 이제 다 내려왔어. 너희들한테 소개할게. 자, 곰돌이 푸우야. (조경숙 번역 <곰돌이 푸우는 아무도 못 말려> 에서 발췌)

In order to compare the English version of Winnie-the Pooh with the Korean translated version, we **underline** reference, mark **0** on ellipsis and write conjunction in **BOLD** as shown below.

Here is Edward Bear, coming downstairs now, bump, bump, bump on the back of his head, behind Christopher Tobin. It is, as far as, he knows, the only way of coming downstairs, **but** sometimes he feels that there really is another way, if only he could stop bumping for a moment and think of it. **And then** he feels that perhaps there isn't. **Anyhow**, here he is at the bottom, **and** ready to be introduced to you. (Winnie-the Pooh)

자, 봐. 곰돌이가 2층에서 내려오고 있어. 0 크리스토포 로빈의 뒤를 따라 '툭, 툭 툭' 계단에 부딪히면서 말이야. 사실 곰돌이가 계단을 내려오는 방법이라곤 이것

> 밖에 없어. 물론 0 때로는 다른 방법이 없나 생각해 볼 때도 있지. '0 이 툭툭거리는 걸 잠시라도 멈추**고** 머리를 짜 보**면** 무슨 좋은 방법이 있을 것도 같은데.' 하고 말이야. **그러나** 0 **그래** 봤자 별 뾰족한 수가 있을 것 같지 않은가 봐. 어쨌든 0 이제 다 내려왔어. 0 **너희들**한테 소개할게. 자, 곰돌이야. (조경숙 번역 <곰돌이 푸우는 아무도 못 말려> 에서 발췌)

In the above comparison we can notice that an outstanding difference exists in the use of reference and ellipsis and some differences exist in the use of conjunction in English and Korean.

From the above presentation of cohesion in discourse it is important for us to notice three facts which are pointed out by Cook (1989: 21). According to him, first a clear understanding of the formal connections between sentences may supply a clue to explain why 'foreign language students often write supposedly, each of which well-formed in itself, but which somehow add up to very strange discourse'. Second, 'it can also help us to identify why a student is not achieving the stylistic effect he or she is seeking.' Third, it should be clear that the correctness and the effect of some expressions cannot only be judged within the sentence, but must be judged in connection with other sentences.'

6. CONCLUSION

The knowledge of linguistics may not be a core concern for language teachers, but it is important for them to acquaint themselves with a coherent understanding of the structural features of language. In teaching language or preparing teaching materials, language teachers must deal with language as a system, and the knowledge of linguistics is basic to all levels of their work, even if it does not provide all the answers to solving language problems in language teaching.

We tend to think that the relationship between linguistics and language teaching is unidirectional, namely only linguistics provide certain tools for better understanding and solving various problems arising from the teaching of language. However, the insights gained from confronting language -teaching- related problems may also provide great potential to improve our understanding of what needs to be included in descriptions of language and induce the development of linguistic theory.

M. Namkil Kim (nkim@usc.edu) *is a professor in the Department of East Asian Languages and Cultures at the University of Southern California,* U.S.A.

외국어로서의 한국어 교육을 위한 한국어학

한국어 모음체계에 대한 유형론적 연구 | 허용

한국어 모음체계에 대한 유형론적 연구

—

허용(한국외국어대학교)

이 연구는 한국어 자음체계와 모음체계를 유형적 보편성의 관점에서 살펴보는 것을 목적으로 한다. 자음의 경우는 Maddieson (1984)을 통해 발표된 317개 언어의 음운 목록의 통계를 바탕으로 한국어의 자음체계의 특징을 두 가지 면에서 살펴볼 것이다. 하나는 자음 목록의 크기와 구성이고, 다른 하나는 음성 자질(phonetic feature)에 따른 특징이다. 전자의 논의를 통해 목록의 크기 면에서 볼 때 한국어는 평균에 해당하지만, 개별 자음의 특징 면에서 볼 때는 소형 목록의 특징 보다는 대형목록의 특징에 가깝다는 사실을 보게 될 것이다. 다시 말해, 한국어의 자음 체계에는 보편적인 분절음보다는 덜 보편적인 분절음이 다른 언어에 비해 상대적으로 많다는 것이다. 후자의 논의에서는 각 음성자질별(비음, 유음, 활음, 폐쇄음, 마찰음 등)로 한국어 자음이 다른 언어와 어떤 차이를 보이는지에 대해 살펴볼 것인 바, 여기에서는 한국어 자음체계의 특이성은 폐쇄음에 있고, 그 중에서도 폐쇄음의 수와 조음방법적인 면에서 보편적인 모습과 다르다는 사실을 보게 될 것이다.

한편, 한국어 모음의 유형적 보편성 문제는 '모음은 특정 언어가 허용하는 음성 공간의 가능한 영역 내에서 최대한 넓게 그리고 균등하게 분포된다(vowels tend to be evenly distributed in the available phonetic space and also widely distributed, within the limitation of particular system.)'는 모음산포원리(principle of vowel dispersion)를 바탕으로 논의하고자 한다. 이 원리에 의하면 모음은 주변부 모음(peripheral vowel)에서부터 출발하여 음소의 수가 많아질수록 중앙부 모음(interior vowel)으로 모음 영역을 좁혀가는 단계를 밟게 된다. 한국어의 표준발음 중 하나인 10모음 체계의 구성을 보면 6개의 주변부 모음과 4개의 중앙부 모음으로 구성되는데, 문제는 이러한 구성이 흔히 발견되는 형태가 아니라는 점이다. 특별히 중앙부의 4개 모음은 수직적 구성이면서 동시에 수평적 구성을 이루고 있어 다른 언어와는 차이를 보인다. 이러한 사실은 비슷한 수의 모음을 가진 영어와 비교해 보면 그 차이를 분명히 알 수 있다. 아울러 한국어 모음체계는 중저모음(lower mid vowel)에서 결손체계(defective system)의 양상을 보이는데 이에 대한 보완행위가 어떻게 나타나는지를 살펴보도록 한다.

1. 들어가는 말

본 논문은 모음 구성의 주요 원리 중 하나인 모음산포원리(principle of vowel dispersion)를 바탕으로 한국어의 모음체계를 유형적 관점에서 대조 분석하는 것을 목표로 한다. 주지하는 대로 자연언어에서 모음의 구성은 자음의 구성과 공통점도 있으며 차이점도 있다. '언어는 순차적 방식(ordered fashion)에 따라 음운을 구성한다 (build up)' (Gussenhoven & Jacobs 1998, 2005)는 점이 공통점이라면, 자음의 구성은 입체적인 반면 모음의 구성은 평면적(허용 2011b: 334)이라는 것이 차이점이라 할 수 있다.[01]

이러한 모음의 구성에 대해 Liljencrants & Lindblom(1972) 이후 '모음은 특정 언어가 허용하는 음성 공간의 가능한 영역 내에서 최대한 넓게 그리고 균등하게 분포 된다.[02]'는 모음산포원리로 설명하고 있다.[03] 즉, /a, i, u/의 3모음 체계나 /a, i, u, ɛ(또는 e), ɔ(또는 o)/의 5모음 체계는 아래와 같이 모음 영역을 균등하게 각각 3등분 또는 5등분한 결과로서의 체계이며, 이 모음 영역을 어떻게 분할하는지에 따라서 특정 언어의 모음 체계가 결정된다는 것이다.

---

01 자음 체계에 대한 논의는 Maddieson(1984), Lindblom & Maddieson(1988), 허용(2010a&b, 2011)을 참조할 것.

02 This principle[The principle of vowel dispersion/YH] holds that vowels tend to be evenly distributed in the available phonetic space and also widely distributed, within the limitation of the particular system.(Disner; 1984: 136ff.)

03 모음산포원리에 대한 논의는 Liljencrants & Lindblom(1972) 외에도 Lindblom(1975), Terbeek(1977), Maddieson(1977), Disner(1984), Zee & Lee(2007) 등이 있다.

(1) a. 3모음 체계

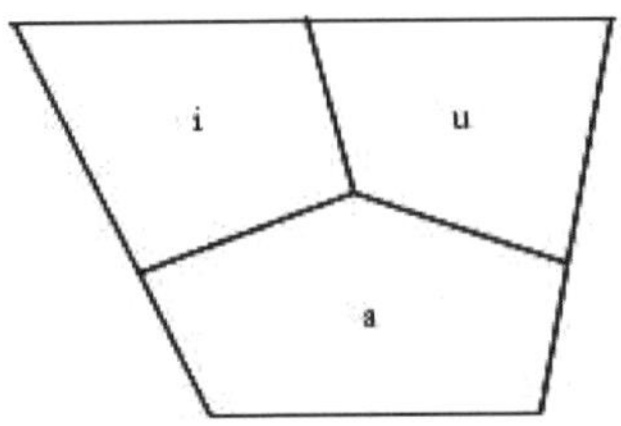

b. 5모음 체계

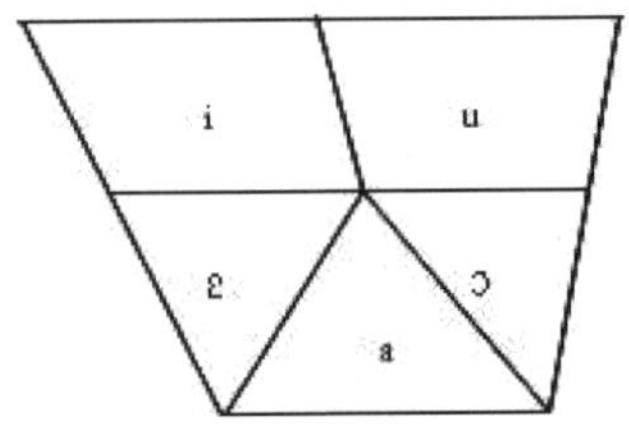

그런데 209개 언어의 음성과 음운을 분석한 Stanford Phonology Archiving Project(SPAP)와 317개 언어의 음운을 분석한 UCLA Phonological Segment Inventory Database(UPSID)의 두 연구를 통해 모든 언어의 모음체계가 모음산포원리에 맞게 모음이 분포되어 있는 것이 아니라는 것이 밝혀졌다.04 특별히 모든 자연언어는 기본적인 3모음 또는 5모음을 당연히 포함하고 있으리라는 일반적인 예상에서 벗어나 이들 중 하나 이상의 모음이 없는, 또는 다른 형태의 결손체계(defective system)도 적지 않아, UPSID의 경우 결손체계를 가진 언어가 43개(13.6%)로 나타났다.

물론 이러한 결손체계를 예외 또는 모음 추이(vowel shift)와 같은 역사적인 변천의 결과로 볼 수도 있으나, 모음산포원리를 통해 모음 구성에 있어 인간의 인지적인 면이 지배하고 있음을 볼 때 결손체계 내에서도 모음산포원리에 입각한 모음 (재)분포의 노력을 찾을 수 있다는 논리적 추론이 가능하다. Disner(1984)는 바로 이런 관점에서 Crothers(1978)가 제기한 결손체계를 UPSID 317개 언

04 전자의 연구 결과는 Crothers(1978)을 통해, 후자의 연구 결과는 Maddieson(1984)와 Disner (1984)를 통해 발표되었다. 모음산포원리에 어긋나는 언어는 SPAP에서는 17개로 전체 8% 정도이며, UPSID에서는 43개로 전체 13.6%로 나타났다.

어를 대상으로 분석하여 상당히 설득력 있는 논리를 제공하고 있다. 그가 제시하는 논리의 핵심은 결손체계의 경우 그 빈 모음 영역을 채우기 위해 보완 모음(complementary vowel)의 행위가 일어난다는 것이다. 물론 그는 결손체계에 한하여 보완 행위를 논하고 있으나 우리는 필요한 모든 모음체계에 이를 적용할 수 있을 것으로 판단한다.

본 연구는 이와 같은 논리에 바탕을 두어 한국어를 비롯한 4개 언어를 분석하고자 한다.

2. 모음산포원리와 결손체계에서의 보완 행위

한국어의 모음체계를 분석하기에 앞서 먼저 모음산포원리의 기본이 되는 주변부 모음과 중앙부 모음의 구성(Crothers 1978), 그리고 Disner(1984)가 말하는 모음산포 원리와 결손체계에서의 보완 행위에 대해 간략하게 살펴보도록 한다.

2.1 주변부 모음과 중앙부 모음의 구성

자연언어의 모음 구성에 대해 Crothers(1978: 100)는 주변부 모음(peripheral vowel)에서부터 출발하여 음소의 수가 많아질수록 중앙부 모음(interior vowel)으로 모음 영역을 좁혀가는 단계를 밟는다고 주장한다. 주변부 모음이란, 전설평순모음, 후설원순모음, 그리고 저모음으로 이들은 모음 영역의 가장자리에 위치하는 모음들이다. 앞에서 본 /i, e(또는 ε), u, o(또는 ɔ), a/ 등이 이에 속하고, 이러한 모음들이 모음 영역 안에서 균등하게 그리고 최대한 넓게 배열되어 있는 모습이 위 (1)에서와 같은 형태로 나타난다. 주변부 모음의 수는 적게는 3개에서부터 많게는 8개(또는 9개)까지 나타난다(Crothers 1978: 106). 그리고 앞에서 언급한 결손체계란, 특정 언어에서 이 영역에 있어야 할 모음이 없는 체계를 말한다.

한편, 중앙부 모음은 모음 구성에 있어 추가적인 모음들로, 이들의 수와 그 구성은 모음체계의 또 다른 유형을 알 수 있다는 점에서, 그리고 보다 정확히는 모음산포원리를 확인할 수 있다는 점에서 큰 의미를 갖는다.

먼저, 중앙부 모음의 수에 대해 살펴보도록 한다.

(2) 중앙부 모음의 유형과 언어 수(Crothers 1978: 104)[05]

No. of type languages		No. of type languages		No. of type languages	
2:0		6:0	7	9:2	7
3:0	1	*6:0	1	9:2″	3
4:0	23	**6:0	1	*9:2	1
4:1	13	6:1	29	9:3′	4
5:0	9	*6:2′	2	10:2	2
*5:0	55	7:0	11	10:3′	1
*5:1	1	*7:1	3	10:3″	1
**5:1	5	7:2	14	?10:3′	1
***5:1	1	8:1	2	11:3	1
*5:2	1	?8:1	2	?12:3	1
	1	8:2	2		
		8:3′	3		

위에서 볼 수 있는 것과 같이 Crothers(1978: 104)는 그의 통계에서 5:0, 6:1, 3:0, 4:0(그리고 4:1), 7:2, 7:0, 9:2, 6:0의 8개 유형이 전체 80% 이상을 차지하고 있다고 하면서 이들이 자연언어의 보편적인 모습이라 하였다.[06] 중앙부 모음이 존재하는 언어는 209개 언어 중 44개로 전체 1/4 정도가 된다. 그 구성의 유형은 각주 6)에서 밝힌 바와 같다.

---

05 아래의 표에서 유형란에 제시되어 있는 x:y에서 앞의 x는 전체 모음 수이고, 뒤의 y는 중앙부 모음 수이다. 예를 들어, 6:1의 경우 전체 모음 수는 6개이고, 그 중 하나가 중앙부 모음이라는 것이다. 그리고 *는 결손체계 표시이고, *의 수만큼 다른 유형의 결손체계가 있다. 예를 들어, 5:1의 경우 *가 3개까지 있는데 이 유형의 결손체계는 세 종류로 나타난다는 것이다. 그리고 (10:3′)과 같이 유형 뒤에 붙은 ′는 내부 모음의 유형으로, (10:3′)과 같이 하나가 붙은 것은 전설원순모음과 후설평순모음의 유형이고, (10:3″)과 같이 두 개가 붙은 것은 중설음화된 / ɪ, ʊ/ 의 유형이다. 그리고 아무 표시가 없는 것은 무표적인 것으로, 수직적 배열에 의한 중앙부 모음 유형이다. ?는 불분명한 경우이다.

06 Crothers(1978: 109)는 4:0과 4:1은 한 유형의 하위 유형으로 간주할 수 있다고 하였다.

2.2 Disner(1984)의 모음산포원리

Disner(1984)는 317개의 언어를 분석하여 43개를 제외한 나머지 경우는 모음산포원리를 통해 모음 분포를 설명할 수 있다고 하였다. 그러나 그의 모음산포원리는 기존의 것과는 다른 면이 있다. 그 첫째는 모음 영역 안에서 '최대한 넓은 분포(maximal distribution)'라는 개념을 제외시키고, 균등한 분포(even distribution)만을 인정하였다. 예를 들어, Crother(1978)를 비롯한 많은 학자들이 3모음 체계에서 /a, i, u/와 같은 체계는 최대한 넓게 분포된 체계로 인정한 반면, 그렇지 않은 /e, a, o/와 같은 체계는 결손체계로 간주하였으나, Disner는 전자는 물론 후자도 균등하게 분포되었다는 점에서 정상적인 체계로 간주하였다.[07]

다른 하나는 Crothers(1978: 100)가 제기한 결손체계 판단의 기준인 주변부 모음과 중앙부 모음에 대한 의문 제기이다. Crothers (1978: 100)는 앞에서 언급한 대로 자연언어의 모음 구성에 대해 주변부 모음에서부터 출발하여 음소의 수가 많아질수록 중앙부 모음으로 모음 영역을 좁혀가는 단계를 밟는다고 주장한다. 주변부 모음이란, 전설평순모음, 후설원순모음, 그리고 저모음으로 이들은 /a, i, u, ɛ(또는 e), ɔ(또는 o)/와 같이 모음 영역의 가장자리에 위치하는 모음들이다. 따라서 일반적으로 모음 구성에 있어 7모음 체계 이후에 나타나는 /y, ø/ 등을 주요 모음인 주변부 모음에 포함시키

07 Disner는 /e, a, o/와 같은 분포를 '적절한 분포(adequate dispersion)'라 하였고, 그 기준을 저모음 영역에 하나 이상의 모음이 있고, 고모음과 중모음 영역에서 어떤 모음이든지 [α high, β back]을 갖는 모음과 [α high, -β back]을 갖는 모음이 서로 쌍을 이루는지의 여부로 삼았다(Disner 1984: 140).

지 않았다. 이런 관점에서 그는 /i/나 /u/ 없이 /y/와 같은 전설원순모음이나 /ɯ/와 같은 후설평순모음으로 구성된 모음체계를 결손체계로 간주하였다.

그러나 Disner는 주변부 모음과 중앙부 모음이 혼재된 상태의 모음체계가 주변부 모음만으로 구성된 체계보다는 훨씬 더 모음산포원리에 적합한 체계일 수 있다고 하면서 Crothers가 결손체계라고 간주한 것에 대해 의문을 제기하였다 (Disner 1984: 155).

2.3 결손체계에서의 보완 행위

결손체계의 한 예로 다음과 같은 것을 들 수 있다.

(3) i

o

ɛ

a

이 체계는 비록 모음의 수는 다르지만 위 (1)에 제시된 것과는 다른 모습을 보이고 있다. 간단하게만 보더라도 (1)의 체계와는 달리 균등하게 분포되어 있지 않음을 알 수 있고, 따라서 모음산포원리에 배치된다.

문제는 이와 같은 결손체계를 어떻게 해석할 것인지 하는 것이다. 모음의 구성이 우연에 의한 결과의 산물이라면 거기에는 해석의 여지가 없겠지만, 앞에서 언급한 대로 자연언어의 모음구성을 지배하는 원리로 모음산포원리가 맞는다면, 모음의 구성은 발화와 청취를 고려한 인간의 인지적인 면과 관련되어 있음이 분명하다. 즉, 비록 특정 언어에서의 모음의 구성이 통시적 변천 또는 공시적 변동의 결과로 결손체계로 되었다 하더라도 그것을 보완하는 움직임은 계속해서 일어날 것이고, 그러한 증거는 결손체계 안에서도 찾을 수 있음을 예상할 수 있다. 다시 말해, 모음산포원리는 균등한 분포를 이루기 위해 끊임없이 모음 영역을 재조정을 하게 하는, 살아있는 원리라는 것이다. 이런 의미에서 볼 때 우리는 위 (2a)의 체계를 아래와 같은 관점에서 바라볼 수 있다.

(4) a. i 〔 〕 b. i 〔 〕
o
ɛ ⟸ ɛ ɔ
a a

(4a)는 위 (3)과 동일한 체계이다. 여기서 주목해야 할 것 두 가지인데, 그 중 하나는 두 개의 중모음 중 하나는 중고모음이고 다른 하나는 중저모음으로 두 중모음의 위치가 비대칭적(skewed)이라는 것이다. 이것은 모음산포원리에 맞지 않는 것으로 특이한 경우이다. 중모음의 경우 (4b)와 같이 전설과 후설의 높이가 같은 것이 보편적이기 때문이다. 또 하나는 (4a)의 비대칭 중모음 중에서 후설에 위치한 /o/가 전설에 위치한 /ɛ/보다 높다는 것이다. 여기서 우리가

갖는 의문점은 (3) 또는 (4a)의 경우 두 개의 중모음이 왜 비대칭적이며, 또 비대칭적이어야 한다면 왜 후설의 중모음이 더 높은 위치에 있는지 하는 것이다. 이에 대해 우리는 이를 비어 있는 후설고모음(〔 〕는 해당 영역의 모음이 비어 있음을 나타낸다.)의 위치를 보완하기 위해 후설의 중저모음 /ɔ/가 중고모음 /o/로 상승한 행위라고 해석할 수 있다.08

다음의 몇 가지 사실을 통해 우리는 이러한 해석의 타당성을 입증할 수 있다.

첫째, 317개 UPSID 대상 언어 중 위 (3a)와 반대되는 체계, 즉 후설고모음이 결여된 상태에서 전설중고모음 /e/와 후설중저모음 /ɔ/를 가진 체계가 없거나 거의 없다는 사실이다.09

둘째, UPSID의 43개의 결손체계 중에서 이와 같거나 유사한 해석이 가능한 체계가 최소한 30개가 된다(Disner 1984: 154).

셋째, 소위 말하는 고정 체계(stationary system), 즉 결손체계임에도 불구하고 보완이 일어나지 않는 체계가 10개 정도 되는데, 대부분의 경우 위 Disner가 제시하는 모음산포원리에 크게 벗어나지 않는 중모음이 결여된 경우이거나, 기록자의 음성전사를 신뢰하기 어려운 경우이다(Disner 1984: 143).

08 Disner(1984)가 제시하는 보완 행위는 이 외에도 두 가지가 더 있으나 지면관계상 다루지 않기로 한다.

09 이것은 Disner(1984)에 통계로 제시된 것이 아니라, 연구자가 직접 317개 대상 언어를 확인한 것이어서 오류가 있을 수 있다.

3. 한국어 모음체계

이제 본 연구의 논의의 대상이 되는 한국어의 모음체계를 살펴보도록 한다. 아래에 제시하는 모음 체계는 SPAP와 UPSID, 그리고 해당 언어 관련 음운 자료들을 참고한 것으로, 모음산포원리의 방식을 따라 음소적 접근에 의한 간략 표기(broad transcription)보다는 음성적 접근에 의한 정밀 표기(narrow transcription)로 제시하였다. 그리하여 혀의 앞뒤 위치 면에서는 전설, 중설, 후설의 세 가지로 분류하고, 혀의 높이 면에서도 크게 7단계로 분류하여 음소적 접근보다는 그 단계가 많다.[10] 그리고 모음 목록과 체계의 분류에 있어, 모음과 관련된 다른 요소들, 즉 길이,[11] 비음성, 그리고 후두음화와 같은 발성 관련 요소들은 포함하지 않는다.[12]

한국어 모음 체계는 아래와 같다.

---

10 혀의 높이 면에서의 7단계는 고모음(high), 고저모음(lowered high), 중고모음(higher mid), 중모음(mid), 중저모음(lower mid), 저고모음(raised low), 저모음(low)이다. 이에 대한 표기는 IPA를 따르도록 한다.

11 예를 들어, Kurdish어는 /ɪ, ɨ, ʊ, ə/를 단모음으로 가지며, /iː, uː, aː, eː, oː/를 장모음으로 가져 음소의 수와 모음 음질(vowel quality) 모두 다르다(Maddieson 1984; 128). 이러한 경우 모음의 길이는 초분절적 요소가 아닌 음소로 취급된다. 따라서 모음 체계 분류가 단모음만을 취급할 때보다 훨씬 복잡해진다. 이에 대한 논의는 다음 기회로 미룬다.

12 참고로, SPAP를 분석한 Crothers(1978)나 UPSID를 분석한 Maddieson(1984), Disner(1984)에는 여기에서 다루는 4개 언어를 포함하여 개별 언어의 유형적 특성에 대해서는 논의하지 않고 다만 해당 언어들의 자·모음 체계만 제시하고 있음을 밝힌다.

(5) 한국어 모음 체계

혀의앞뒤 / 입술모양 / 혀의 높이	전설		중설	후설	
	평순	원순		평순	원순
고모음	i	y		ɯ	u
중고모음	e	ø			o
중모음					
중저모음	ɛ				
저모음				ɑ	

한국어의 모음은 모두 10개로, 기존의 한국어 음운론 논저에 제시된 것과 크게 다르지 않다.[13] 혀의 높이에 있어서는 고모음 4개, 중모음으로 분류되는 모음 5개(중고모음 3개, 중모음 1개, 중저모음 1개), 그리고 저모음 1개로 나눠지며, 혀의 앞뒤 위치에 있어서는 전설모음 5개, 후설모음 5개로 분류된다. 그리고 원순성에 있어서는 전설에 두 개의 원순모음이 있으며, 후설에 두 개의 평순모음이 있다.[14] 이제 이를 바탕으로 한국어의 모음 구성을 모음산포원리에 입

13 한국어의 모음체계를 현대에 맞게 7모음 또는 8모음 체계로 하지 않은 것은 이와 같은 음운체계 분석에서는 일반적으로 전통적인 모음체계를 대상으로 하기 때문이다. 이 체계는 UPSID, 박창원 외(2004), 신지영(2011: 103)을 바탕으로 하여 만든 것이다. 한국어의 /ㅓ/는 일반적으로 /ə/로 표시 하나 해당 위치의 IPA를 따라 //로 한다. SPAP에는 한국어를 /y/가 없는 9모음 체계로 제시하고 있다.

14 원순성에 대한 이러한 기술은 원순성은 혀의 앞뒤와 밀접한 관련이 있어 중저모음 이상의 경우 전설모음과 중설모음은 평순모음이 기본이 되고, 후설모음은 원순모음이 기본이 된다는 Crothers (1978)의 견해를 바탕으로 하여 그에 반대되는 것을 중심으로 한 것이다. 아래 다른 언어에서도 동일한 방법으로 기술하도록 한다.

각하여 논의하도록 한다. 논의의 편의를 위해 비슷한 수의 모음을 가진 영어와 비교하여 제시하도록 한다.

Maddieson(1984: 127)과 The World Atlas of Language Structures(WALS)에 의하면 한국어와 영어는 모음 목록 크기 면에서 대형 목록에 속한다.[15] 이러한 대형 목록의 체계에서는 /a, i, u, ɛ(또는 e), ɔ(또는 o)/와 같은 주요 주변부 모음을 포함하게 되는 것은 당연한 것이고, 중앙부 모음을 포함하게 되는 것도 피하기 어려운 일이다. 이에 대한 두 언어의 모습을 살펴보면 아래와 같다.

(6) 한국어와 영어의 주변부 모음과 중앙부 모음

구분	한국어	영어
주변부 모음	i, e, ɛ, a, o, u	i, ɪ, ɛ, æ, ɑ, o, ʊ, u
중앙부 모음	y, ø, ɯ, ɤ	ə/ʌ

두 언어는 모음의 수에서는 큰 차이가 없지만, 위의 표에서 알 수 있듯이 주변부 모음과 중앙부 모음의 수에서는 어느 정도의 차이가 난다. 즉, 한국어는 10개의 모음 중 6개가 주변부 모음이고 4개

15 WALS는 Haspelmath, Dryer, Gil & Comrie(2005)를 통해 책으로 발표되었으나, WALS online(Http://wals.info.index)를 통하여 계속 보완되고 있다. WALS는 전체 142개의 장 중에서 19개의 장이 음성 · 음운에 관한 것이다. 이 중 5개의 장을 제외하고는 모두 Maddieson이 분석한 것이다. Maddieson (1984)와 WALS의 차이점은 전자가 자연언어에서의 음성 · 음운이 어떻게 구성이 되는지에 대한 논의인 반면, 후자는 언어학의 각 영역의 주요 사항에 대한 유형적 특성을 언어지리적 관점에서 분석한 것이다. 모음 목록의 크기와 관련하여 볼 때 Maddieson(1984: 127)에서는 9모음 이상의 체계는 전체 51개(16.1%)이고, 10모음 이상의 체계는 전체 26개((8.1%)로 제시되어 있어 한국어와 영어 모두 대형 목록임을 알 수 있으며, WALS에서도 마찬가지로 대형목록으로 제시하고 있다.

가 중앙부 모음인 데 비해, 영어는 9개의 모음 중 8개가 주변부 모음이고 중앙부 모음은 하나뿐이다. 이를 Crothers가 제시한 방법으로 표시하면 한국어는 10:4이고, 영어는 9:1이 된다.

앞에서 언급한 바와 같이 대형 목록의 체계에서는 중앙부 모음이 포함되는 것이 당연한 것이지만, 위 (2)에 나타난 자연언어의 모습을 볼 때 중앙부 모음을 많이 두는 쪽보다는 주변부 모음을 늘여간다는 것을 알 수 있다. 예를 들어, 중앙부 모음이 어느 정도의 의미를 가지고 나타나는 것이 7모음 체계(7:2)부터인데 11모음이나 12모음으로 확장된다고 하더라도 그 수가 급격히 늘어나지 않고 많아야 3개 정도이다. Crothers(1978: 107)에 따르면 209개 언어 중 프랑스어와 Pacoh 단 두 개 언어만이 3개의 중앙부 모음을 가지고 있으며, Pacoh의 경우는 이것도 불분명하다고 하였다.[16] 이런 점에서 볼 때 9:1의 체계를 가진 영어가 10:4의 체계를 가진 한국어보다 보편성을 갖는 반면, 한국어는 매우 특이한 체계라 하겠다.

중앙부 모음의 구성과 관련하여 볼 때, 한국어는 또 다른 관심의 대상이 된다. 중앙부 모음은 일반적으로 2가지 유형으로 구성되는데, 첫째는 수직적 구성이고(예: /y/와 /ø/), 두 번째는 전설원순모음과 후설평순모음의 구성(예: /y/와 /ɯ/)이다.[17] Crothers(1978:

16 Maddieson(1984)에는 UPSID의 이러한 통계 자료가 없어 본 연구자가 직접 통계를 내어본 결과, 317개 언어 중에 3개 이상의 중앙부 모음을 가진 언어는 10개 정도였다. 계산의 오류를 감안하더라도 15개를 넘지 않을 것으로 판단된다. 그 중에서 4개의 중앙부 모음을 가진 언어는 한국어를 포함하여 5개를 넘지 않는 것으로 보인다. 반면 9모음 체계임에도 온전히 주변부 모음(예: /i, ɪ, e, ɛ, a, ɔ, o, ʊ, u/)으로만 구성된 언어도 있으며, 10모음 체계의 경우 9개의 주변부 모음과 하나의 중앙부 모음으로 구성된 언어도 존재한다.

17 Crother(1978: 106)는 이 외에 /y, ɸ/의 구성을 추가하여 중앙부 모음의 세 번째 유형이라 하였으나 실제 통계에서는 이 유형은 주변부 모음으로 간주하였다.

106)에 따르면 2개 이상의 중앙부 모음을 가진 언어 중에서 29개가 첫 번째 유형에 속하며, 10개가 두 번째 유형에 속한다. 그런데 한국어의 중앙부 모음 유형은 첫 번째 유형과 두 번째 유형을 모두 갖춘 체계로 다른 언어에서는 찾아볼 수 없는 매우 특이한 체계이다.[18]

다음으로 한국어에 나타나는 보완 행위에 대해 살펴보도록 한다. 영어의 경우는 저모음이 하나 있고, 고모음 영역과 중모음(중고모음, 중저모음 포함) 영역에서 모든 모음이 〔α high, β back〕과 〔α high, β back〕의 쌍을 이루고 있기 때문에 결손체계라 할 수 없다. 그러나 한국어의 경우는 중저모음에는 그러한 대립이 이루어지지 않고 있다. 즉, 전설평순중저모음 /ɛ/에 대응하는 후설모음이 존재하지 않는다.[19] 위 (4)에 제시된 한국어의 체계가 맞는다는 전제 하에 볼 때 한국어는 Disner(1984)의 정의에 따르면 결손체계가 된다. 따라서 결손체계에서 일어날 수 있는 보완 행위가 예상된다. 편의상 한국어 모음체계를 다시 제시한다.

---

18 만약 한국어의 중앙부 모음 /ㅟ, ㅚ, ㅡ, ㅓ/를 일반적인 방법인 고모음과 중모음으로 분류한다면, 한국어는 /ㅟ/와 /ㅚ/, /ㅡ/와 /ㅓ/의 2개의 수직적 구성을 가지며, /ㅜ/와 /ㅡ/, /ㅚ/와 /ㅓ/의 2개의 전후설 구성을 갖게 된다. 본 연구자가 확인한 결과 UPSID 대상 언어 중에 단 하나도 이러한 체계를 발견하지 못하였다.

19 UPSID에 제시된 한국어 모음체계에서는 위에 제시된 것과 달리 /ㅐ/를 /ɛ/가 아닌 저고모음인 /æ/로 분류하고 있다. 이런 이유로 Disner(1984)의 분석에서는 한국어를 결손체계로 분류하고 있지 않다.

(7) 한국어 모음 체계

혀의앞뒤 / 입술모양 / 혀의 높이	전설		중설	후설	
	평순	원순		평순	원순
고모음	i	y		ɯ	u
중고모음	e	ø			o
중모음					
중저모음	ɛ				〔 〕
저모음				ɑ	

위의 표에서 보는 것과 같이 모음이 있을 것이라고 예상되는 위치(즉, 후설중저모음)에 해당하는 모음(즉, /ɔ/)이 존재하지 않는다. 우리는 //와 /ɑ/를 통해 비어있는 후설중저모음의 위치를 보완하고 있다고 해석할 수 있다. 즉, 중고모음에 위치할 수 있는 후설평순모음이 중모음의 위치에 위치하고, 중설모음에 위치할 수 있는 저모음이 후설모음에 위치함으로써 비어 있는 후설중저모음을 보완한다고 해석할 수 있다.

5. 맺음말

지금까지 우리는 Crothers(1978)와 Disner(1984)의 모음산포원리를 바탕으로 한국어 와 영어의 모음체계에 대해 살펴보았다. 모음산포원리란, 기본적으로 모음은 특정 언어의 영역 안에서 균등하게 분포된다는 것이다. 그런데 언어 중에는 이러한 모음산포원리에 어긋나게 분포되어 있는, 소위 말하는 결손체계가 존재하는데, 이 결손체계 또한 모음산포원리에 의해 재분포되려는 보완행위가 있다. 이는 자연 언어에 나타나는 인간의 인지적인 면과 연결된다. 한국어와 영어는 모음 목록의 크기 면에서 비슷하지만, 영어는 주변부 모음을 중심으로 모음이 구성되는 반면, 한국어는 그 어떤 언어보다도 중앙부 모음이 많고 또 구성도 다른 언어와 차이가 많아 매우 독특한 체계라 할 수 있다. 그리고 한국어의 중모음은 어떤 면에서는 결손체계의 모습을 보이고 그에 상응하는 보완 행위가 일어난다.

Yong Heo (austyn@hufs.ac.kr) is a professor of department of Korean Education at the Hankuk Univeristy of Foreign Studies, Korea.

외국어로서의 한국어 교육을 위한 한국어학

자음 연쇄의 발음 유형과 한국어 교육

—

김선정(계명대학교)

1. 머리말

한국어를 배우는 영어권 화자들의 경우는 '막내, 정리, 입력'과 같은 단어를 글자 그대로 발음한다. 반대로 한국어를 모국어로 하는 사람들의 경우에는 영어의 'nickname'을 〔닉네임〕으로, 'good morning'를 〔군모닝〕으로, 'upload'를 〔엄노드〕로 발음한다. 또한 일본어 모국어 화자들은 한국어의 '남자'를 〔난자〕로, '학벌'을 〔학꾸벌〕 또는 〔합뻘〕로 발음한다. 이는 자음과 자음이 인접하여 있을 때 언어마다 이를 발음하는 방법이 다른데 이러한 발음상의 차이가 외국어 학습에서 간섭을 일으키기 때문이다.

자음 연쇄(consonant sequences)란 자음이 나란히 오는 경우를 일컫는 말로 자음 연쇄는 한 음절 내에서도 가능하고 음절의 경계를 넘어서도 가능하다. 예를 들어 음절 내 자음 연쇄의 경우 영어의 'tree, play' 등에서와 같이 초성에 위치하는 경우가 있고, 'tent, camp'와 같이 어말에 위치하는 경우가 있다. 한국어의 경우에는 이러한 음절 내의 자음 연쇄가 불가능하다. 그러나 자음 연쇄의 또 다른 유형인 음절의 경계를 넘는 것은 가능하다. 예를 들어 '안개, 감기' 등과 같이 자음 연쇄의 첫 자음은 앞 음절의 종성이 되고, 뒤 자음은 뒤 음절의 초성이 되는 경우이다.

이 글에서는 후자의 경우를 살펴보도록 한다. 다시 말해 음절 경계를 넘는 자음 연쇄를 다루고자 하는데 크게 세 가지 유형으로 나누어 보고자 한다.[01] 첫째는 인접한 두 자음 간에 아무런 영향을 주고받지 않는 경우이고, 둘째는 인접한 두 자음 간에 동화가 일어나는 경우이다. 인접한 자음 간에 동화가 일어나는 경우는 다시 조음 위치만 영향을 주는 경우와 조음 방법만 영향을 주는 경우로 나누어 볼 수 있다. 그런 다음 이를 활용하여 한국어의 발음을 교육할 수 있는 방안에 관해 살펴보고자 한다.

2. 글자 그대로 소리가 나는 경우

위에서 언급한 바와 같이 사람이 사용하는 언어에는 자음과 자음이 만날 때 소리의 변화가 일어나는 언어가 있고 그렇지 않은 언어가 있다. 다시 말해, 인접해 있는 자음 간에 어떠한 관계를 맺는 언

01 이 글에서는 장애음과 장애음이 인접한 경우는 제외하기로 한다. 한국어의 경우 장애음과 장애음이 인접할 경우 뒤 자음이 경음화 되어 된소리로 발음된다. 예를 들어, 국수[국쑤], 식당[식땅], 옆집[엽찝] 등.

어가 있고, 그렇지 않은 언어가 있다. 베트남어와 중국어 등은 인접한 자음이 무슨 자음인지에 관계없이 음절 하나하나를 독립적으로 발음한다. 그러나 대부분의 언어는 앞뒤에 인접해 있는 자음의 영향을 받아 소리의 변화를 입게 된다. 다음은 한국어의 한자어를 중국어 발음과 함께 제시한 것이다.

(1) 한국어와 중국어

철자		발음	
한국어	중국어	한국어	중국어
심리	心理	〔simni〕	〔xīnlǐ〕
음력	陰歷	〔ɨmnyək〕	〔yīnlì〕
담력	胆力	〔tamnyək〕	〔dǎnlì〕
승리	胜利	〔siŋni〕	〔shènglì〕
동료	同僚	〔tongnyo〕	〔tóngliáo〕
편리	便利	〔phəlli〕	〔biànlì〕
진리	眞理	〔jilli〕	〔zhēnlǐ〕
관리	管理	〔kwalli〕	〔guǎnlǐ〕

잘 알려진 바와 같이 중국어는 한국어와 달리 종성 자음에 'ㄴ'과 'ㅇ'밖에 올 수 없는 관계로 위와 같이 비음 'ㄴ'과 'ㅇ'만이 다른 자음과 인접할 수 있다. 위에서 확인할 수 있는 바와 같이 중국어에서는 인접한 자음 간에 아무런 음운 변화가 일어나지 않는다. 각각의 음절을 아무런 변화 없이 그대로 발음한다. 그러나 한국어의 경우에는 비음-유음의 연쇄는 심리〔심니〕, 승리〔승니〕에서와 같이 비음-비음

으로 발음된다. 또한 비음-유음의 연쇄 중 앞 자음이 'ㄴ'인 경우에는 진리〔질리〕, 관리〔괄리〕에서와 같이 '유음-유음'으로 발음된다.

다음에 있는 한국어와 베트남어의 예를 보자.

(2) 한국어와 베트남어

한국어	베트남어
숙녀 〔suŋnyə〕	thụcnữ
동료 〔toŋnyo〕	đồngliêu
심리 〔simni〕	Tâmlý
음력 〔ɨmnyək〕	Âmlịch
승리 〔siŋni〕	Thắnglợi
국립 〔kunŋip〕	quốlập
관리 〔kwalli〕	Quảnlý
진리 〔jilli〕	Chânlý
편리 〔phəlli〕	Tiệnlợi

위 표에서 확인할 수 있는 바와 같이 베트남어 역시도 인접한 자음 간에 아무런 음의 변화가 일어나지 않음을 알 수 있다. '숙녀'는 장애음과 비음이 인접하여 있으므로 한국어에서는 〔숭녀〕로 발음되나 베트남어에서는 이러한 변화가 없다. 또한 '동료, 심리, 음력, 승리'와 같이 비음 다음에 유음이 오는 경우에도 아무런 음운 변화가 없다. 이 경우 한국어에서는 뒤에 오는 유음이 비음으로 발음된다. 또한 베트남어에서는 '진리'와 '편리'의 경우도 마찬가지로 아무런 음운 변화가 일어나지 않는다. 그러나 앞에서 언급한 바와 같이 한국

어의 경우에는 'ㄴ-ㄹ'의 연쇄는 'ㄹ-ㄹ'로 발음된다. 이뿐만 아니라 '국립'의 경우와 같이 장애음과 유음이 인접하여 있는 경우에도 아무런 음운 변화가 일어나지 않는다. 이는 '국립'이 〔궁닙〕으로 소리 나는 것처럼 장애음과 유음이 모두 비음으로 실현되는 한국어의 경우와는 전혀 다름을 알 수 있다.

3. 조음 위치 동화가 일어나는 경우

조음 위치 동화(place assimilation)란 서로 다른 위치에서 발음되는 인접한 두 자음이 같은 위치에서 발음되는 현상을 일컫는 말이다. 한국어의 '안개'를 〔앙개〕로, '밥그릇'을 〔박끄름〕으로, '신문'을 〔심문〕으로 발음하는 경우가 이에 해당된다. '안개'를 예로 들어 보면, 첫음절의 종성은 치조음인 'ㄴ'이지만 뒤에 오는 연구개 자음 'ㄱ'의 영향으로 같은 위치에서 소리 나는 'ㅇ'으로 바뀐다. 이러한 위치 동화 현상은 한국어에서 자주 일어나지만, 표준발음으로는 인정을 받지 못하고 있다.

3.1 일본어의 조음 위치 동화

일본어에서는 발음(撥音) /N/(ん)과 촉음(促音) /Q/(っ)이라고 불리는 특수음소가 뒤에 오는 자음에 따라 변이음으로 발음된다. 다시 말해, 한국어의 음절구조는 CVC형의 폐음절 구조이지만 일본어의 경우에는 CV형의 개음절이 기본구조를 이룬다. 그러나 일본어에서도 /CVN/이나 /CVQ/와 같이 음절 말에 특수 음소가 올 경우에는 폐음절을 형성한다. 이 때 발음 /N/은 뒤에 오는 자음의 조음 위치에 따라 〔m, n, ŋ〕 중 하나로, 촉음 /Q/은 〔p, t, k〕 중 하나로 실현된다.

먼저 일본어 발음의 실현 양상을 살펴보자. 한국어에서는 종성 자음 'm, n, ŋ'이 별개의 음소인데 반해 일본어에서는 아래에 제시되어 있는 바와 같이 이들 자음이 모두 /N/의 변이음으로 실현된다. 아래 (3)을 보자.

(3) 三(さん)의 발음

三(さん)		
さんぶ(三部)	さんど(三度)	さんごう(三号)
[sambu]	[sando]	[saŋgo:]

한국어에서 숫자 三(삼)은 뒤에 무슨 자음이 오든지 늘 〔sam〕으로 발음된다. 반면에 일본어에서 三(さん)은 뒤에 오는 자음에 따라

〔sam〕, 〔san〕, 또는 〔saŋ〕으로 발음된다. 다시 말해, 특수음소인 발음 /N/ 뒤에 자음이 올 경우 /N/은 〔m, n, ŋ〕 중 뒤에 오는 자음과 같은 위치에서 발음되는 음으로 실현된다. 즉, 선행하는 음절의 종성은 발음 /N/으로 동일한데 뒤에 오는 자음이 양순음이면 〔m〕으로, 치조음이면 〔n〕으로, 연구개음이면 〔ŋ〕으로 소리 난다. 이를 좀 더 구체적으로 설명하면 다음과 같다.

첫째, /N/은 양순음 〔m〕, 〔b〕, 〔p〕 앞에서는 〔m〕으로 실현된다.

(4)	文明(ぶんめい)	〔bummei〕	문명
	販賣(はんばい)	〔hambai〕	판매
	散步(さんぽ)	〔sampo〕	산책

위 단어에서 첫째 음절의 종성은 발음 /N/인데 뒤에 오는 자음이 'm, b, p'와 같이 양순음이므로 같은 양순음인 〔m〕으로 실현되는 것이다. 따라서 〔분메이〕나 〔붕메이〕, 〔한바이〕나 〔항바이〕, 〔산뽀〕나 〔상뽀〕는 불가능하다.

둘째, /N/은 〔s〕, 〔d〕, 〔z〕, 〔n〕, 〔t〕 앞에서 〔n〕으로 실현된다.

(5)	先生(せんせい)	〔sense:〕	선생님
	溫度(おんど)	〔ondo〕	온도
	軍人(ぐんじん)	〔gunzin〕	군인

위 단어에서 첫째 음절의 종성은 발음 /N/인데 뒤에 오는 자음이 's, d, z'와 같이 치조음이므로 같은 치조음인 〔n〕으로 실현된다. 따라서 〔감지〕나 〔강지〕, 〔옴도〕나 〔옹도〕, 〔담지〕나 〔당지〕는 불가능하다.

셋째, /N/은 연구개음 〔k〕, 〔g〕 앞에서 〔ŋ〕으로 실현된다.

(6) 銀行(ぎんこう) 〔gingkou〕 은행
寢具(しんぐ) 〔singgu〕 침구
韓國(かんこく) 〔kangkoku〕 한국

위 단어에서 첫째 음절의 종성은 발음 /N/인데 뒤에 오는 자음이 'k, g'와 같이 연구개음이므로 같은 연구개음인 〔ŋ〕으로 실현된다. 따라서 〔긴꼬〕나 〔김꼬〕, 〔신꾸〕나 〔심꾸〕, 〔간꼬꾸〕나 〔감꼬꾸〕는 불가능하다.

이러한 이유로 인해 일본어 화자들은 한국어의 '안개, 남자, 성냥, 감사' 등과 같이 비음 다음에 다른 위치에서 발음되는 장애음이 올 경우 이를 발음하는 데 어려움을 갖는다. 일본어 화자들은 위 단어를 〔앙개〕, 〔난자〕, 〔선냥〕, 〔간사〕와 비슷하게 발음한다.

다음은 숫자 一(일)을 통해 촉음 /Q/의 발음을 살펴보자. 한국어에서는 자음 'p, t, k'가 종성에서 최소대립쌍을 형성하는 데 반해 일본어에서는 아래에 제시되어 있는 것처럼 이들 자음이 모두 /Q/의 변이음으로 실현된다. 발음 /N/이 변이음 〔m, n, ŋ〕으로 실현되

는 것과 비슷하다. 한국어에서 숫자 一(일)은 후행하는 자음이 무엇인지에 상관없이 언제나 〔il〕로 발음된다. 반면에 일본어에서 一(いっ)은 뒤에 오는 자음에 따라 〔ip〕, 〔it〕, 또는 〔ik〕으로 발음된다. 이러한 사실은 아래 예에서 확인할 수 있다.

(7) 一(いっ)의 발음

一(いっ)		
いっぱい(一杯)	いってん(一点)	いっかい(一回)
[ippai]	[itten]	[ikkai]

특수음소인 촉음 /Q/ 뒤에 자음이 올 경우 /Q/이 〔p, t, k〕 중 뒤에 오는 자음과 같은 위치에서 소리 나는 자음으로 실현된다. 즉, 뒤 자음이 양순음인 경우에는 〔p〕로, 치조음인 경우에는 〔t〕로, 연구개음인 경우에는 〔k〕로 발음된다. 이러한 결과로 일본어의 장애음은 종성에서 /-pp-, -tt-, -kk-/와 같이 복자음(germinate)을 이룰 때만 실현이 가능하다. 이를 예를 들어 좀 더 구체적으로 설명하면 다음과 같다.

첫째, /Q/는 〔p〕 앞에서 〔p〕로 실현된다.

(8) 失敗(しっ-ぱい) 〔sippai〕 실패
切符(きっ-ぷ) 〔kippu〕 표
壓迫(あっ-ぱく) 〔appaku〕 압박

위 단어에서 첫째 음절의 종성은 발음 /Q/인데 뒤에 오는 자음이 'p'이므로 'p, t, k' 중 같은 위치인 〔p〕로 실현된다. 이러한 이유로 '壓迫'의 발음이 〔압빠꾸〕이지 〔앋빠꾸〕나 〔악빠꾸〕가 아닌 것이다.

둘째, /Q/는 〔t〕 앞에서 〔t〕로 실현된다.

(9)	切手(きっ-て)	〔kitte〕	우표
	發展(はっ-てん)	〔hatten〕	발전
	夫(おっと)	〔otto〕	남편

위 단어에서 첫째 음절의 종성은 촉음 /Q/인데 뒤에 오는 자음이 't'이므로 같은 위치인 〔t〕로 실현된다. 이러한 이유로 '夫'의 발음이 〔옵또〕나 〔옥또〕가 아닌 것이다.

셋째, /Q/는 〔k〕 앞에서 〔k〕로 실현된다.

(10)	作家(さっ-か)	〔sakka〕	작가
	學校(がっ-こう)	〔gakkou〕	학교
	國會(こっ-かい)	〔kokkai〕	국회

위 단어에서 첫째 음절의 종성은 촉음 /Q/인데 뒤에 오는 자음이 'k'이므로 같은 위치인 〔k〕로 실현된다. 이러한 이유로 '作家'의 발음이 〔산까〕나 〔삽까〕가 아닌 것이다. 우리는 지금까지 일본어에

서 발견되는 조음 위치 동화에 관해 살펴보았다. 다음은 영어의 경우를 보자.

3.2 영어의 조음 위치 동화

영어에서는 부정접두사 'in-'과 어근의 결합에서 조음 위치 동화의 예를 찾아볼 수 있다. 부정접두사 'in-'은 아래 예에서 확인할 수 있는 바와 같이 음운 환경에 따라 달리 발음된다.

(11) 부정접두사 'in- ' + 어근의 발음

음운 변동	단어	
/n/ → [n]	in + direct	in + tolerable
/n/ → [ŋ]	in + credible	in + capable
/n/ → [m]	in + possible	in + moral

부정접두사(negation prefix)가 뒤에 오는 자음의 조음 위치에 따라, 'il-, ir, in[n], in[ŋ], im-'으로 발음되는 것을 알 수 있다. 즉, 'legal, regular, direct, credible, possible'의 부정은 각각 'illegal, irregular, indirect, in[ŋ]credible, impossible'이 된다. 이는 부정접두사의 선택과 발음이 뒤에 오는 형태소의 초성 자음에 따라 달라지기 때문이다.[02] 특별히 양순음 앞에서는 'impossible,

02 이뿐만 아니라 'camp, tent, cart, pin[ŋk]'에서와 같이 영어의 어말 자음군은 동일한 위치의 자음 연쇄로 나타난다. 그러나 이는 음절 내에서 나타나는 자음 연쇄이므로 이에 관하여는 별도로 다루지 않는다.

immoral'에서 확인할 수 있는 바와 같이 철자의 변화까지 동반한다.

우리는 지금까지 인접한 자음 간에 조음 위치로 인해 맺어지는 관계에 대해 살펴보았다. 다음 장에서는 인접한 자음 간에 일어나는 조음 방법의 영향에 대해 알아보도록 하자.

4. 조음 방법 동화가 일어나는 경우

조음 방법 동화는 서로 다른 방법으로 조음되던 자음이 인접할 경우 같은 방법으로 조음되는 현상을 말한다. 예를 들어, 장애음과 비음, 유음이 인접할 경우 장애음이 비음이 되거나 유음이 비음이 되는 경우를 일컫는다. 먼저 한국어의 경우를 살펴보도록 하자.

4.1 한국어의 조음 방법 동화

조음 방법 동화는 조음 위치 동화와는 달리 자주 발견되는 현상은 아니지만 한국어의 경우에는 필수적인 현상으로 흔히 발견된다. 한국어에서 발견되는 조음 위치 동화는 크게는 비음화와 유음화로 나누어 볼 수 있다. 비음화는 '국민〔궁민〕, 심리〔심니〕, 종로〔종노〕, 입력〔임녁〕' 등에서와 같이 장애음이나 유음이 비음으로 발음되는 현상을 일컫는다. 유음화는 진리[질리], 설날[설랄]에서와 같이 비음 'ㄴ'이 [ㄹ]로 발음되는 현상을 일컫는다. 먼저 비음화에 관하여 살펴 보도록 하자.

4.1.1 한국어의 비음화

첫째, 종성 'ㄱ(ㄲ, ㅋ, ㄳ, ㄺ), ㄷ(ㅅ, ㅆ, ㅈ, ㅊ, ㅌ, ㅎ), ㅂ(ㅍ, ㄼ, ㄿ, ㅄ)'은 'ㄴ, ㅁ' 앞에서 각각 [ㅇ, ㄴ, ㅁ]으로 발음된다.

막내[망내]	국물[궁물]	학문[항문]	국민[궁민]
밥물[밤물]	잡는[잠는]	앞마당[암마당]	없는[엄:는]

재미있는 점은 '막내, 학문' 등과 같이 장애음이 앞에 오고 비음이 뒤에 오는 경우에는 앞 자음이 뒤 자음의 영향으로 비음으로 소리 나지만 반대의 경우에는 장애음이 비음으로 발음되지 않는다는 점이다. 다시 말해, '안개, 연기, 한국, 임금, 잔디, 쌈밥, 짱구'의 경우처럼 비음과 장애음이 인접하는 경우에는 각각이 제 음가를 유지한다. 이는 베트남어에서 '숙녀'가 글자 그대로 발음되는 것과 대조적이다.

둘째, 받침 'ㅁ, ㅇ' 뒤에 연결되는 'ㄹ'은 [ㄴ]으로 발음한다.

심리[심니]	담력[담:녁]	침략[침냑]	음력[음녁]
정리[정니]	궁리[궁니]	강릉[강능]	대통령[대:통녕]

이 경우 역시도 '설마, 얼마, 썰매' 등처럼 유음이 비음을 선행하는 경우에는 아무런 음운 변화가 없다. 다시 말해, 유음은 유음으로 비음은 비음으로 그대로 소리 난다. 이는 베트남어에서 '심리'가 글자 그대로 발음되는 것과 대조적이다.

셋째, 받침 'ㄱ, ㅂ' 뒤에 'ㄹ'이 연결되는 경우에는 장애음은 같은 위치에서 나는 비음으로 발음하고, 유음은 〔ㄴ〕으로 발음한다.

국립〔궁닙〕	막론〔망논〕	국력〔궁녁〕
입력〔임녁〕	협력〔혐녁〕	심리〔심니〕

그러나 유음 'ㄹ'이 먼저 오고 'ㄱ, ㅂ'가 연결되는 경우에는 아무런 음운 변화가 없다. '딸기, 얼굴, 슬기, 날개, 줄기' 등을 통해서 알 수 있다. 이는 베트남어에서 '박람'이 글자 그대로 발음되는 것과 대조적이다.

앞에서도 언급한 바와 같이 이러한 비음화와 같은 방법 동화 현상은 다른 언어에서는 쉽게 발견되지 않는다. 예를 들어 영어에서는 'good news'와 'pop music', 'nickname', 'pork ribs', 'upload'에서 확인할 수 있는 바와 같이 'd-n', 'p-m', 'k-n', 'k-r', 'p-l' 등의 자음 연쇄를 글자 그대로 발음한다. 이에 반해 한국어에서는 '닫는, 밥물, 독립, 막내, 입력'를 글자대로 발음할 수 없고 반드시 각각 〔단는〕, 〔밤물〕, 〔동닙〕, 〔망내〕, 〔임녁〕으로 발음해야 한다. 이를 통해 영어에서는 '장애음-비음'과 '장애음-유음'처럼 서로 다른 방법으로 소리가 나는 자음연쇄가 가능한 반면, 한국어에서는 같은 방법으로 소리가 나야함을 알 수 있다. 좀 더 구체적으로 말하면, 영어에서는 '장애음-비음'과 '장애음-유음'의 연쇄가 가능하지만 한국어에서는 이 경우에 장애음과 유음을 같은 위치에서 나는 비음으로 발음해야 한다. 이러한 이유로 많은 한국어 화자들이 위에 있는 영어를 〔군뉴스〕, 〔팜뮤직〕, 〔닝네임〕, 〔퐁넙〕처럼 한국어의 음운 현상을 적용하여 발음하는 것이다.

이러한 비음화 외에도 한국어에서는 인접한 자음 간의 유음화가 발견된다. 다음 절에서는 한국어에서 나타나는 유음화에 관하여 살펴보기로 하자.

4.1.1 한국어의 유음화

한국어에서는 비음인 'ㄴ'이 유음인 'ㄹ'의 앞이나 뒤에서 〔ㄹ〕로 발음된다. 다음의 예를 보자.

진리〔질리〕	난로〔날:로〕	천 리〔철리〕	관리〔괄리〕
설날〔설랄〕	물난리〔물랄리〕	줄넘기〔줄럼끼〕	실내〔실래〕

이러한 유음화 현상은 위에서 살펴본 비음화와는 달리 'ㄴ'과 'ㄹ'의 순서를 바꾸어도 일어난다는 점이 특이하다. 다시 말해, 'ㄴ'이 'ㄹ'의 앞에 있든 또는 뒤에 있든 위치에 상관없이 'ㄴ'이 〔ㄹ〕로 발음된다. 이러한 유음화 현상은 음절 단위로 분리하여 발음하는 중국어나 베트남어에서는 물론 영어에서도 발견되지 않는다. 다음의 예를 보자.

중 국 어: biànlì '편리' zhēnlǐ '진리' guǎnlǐ '관리' xīnluó '신라'
베트남어: Quảnlý '관리' Chânlý '진리' Tiệnlợi '편리'
영 어: on-line, only, Henry

지금까지 한국어에서 일어나는 조음 방법 동화 현상을 살펴보았다. 앞에서도 언급한 바와 같이 한국어에서 나타나는 자음 간의 방법 동화 현상은 위치 동화처럼 흔히 발견되는 현상은 아니다. 하지만 아주 유사한 현상이 힌디어에서도 발견된다(최종찬, 2003). 다음 절에서는 힌디어에서 발견되는 비음화에 관하여 살펴보자.

4.2 힌디어의 비음화

힌디어에서 발견되는 자음 산디(Sandhi)는 한국어와 매우 비슷한 음운현상으로 알려져 있다. 몇 가지 예를 보이면 다음과 같다.

(12) 힌디어의 비음화

음의 변동	형태소 결합	발 음
km → 〔ŋm〕	vāk(말)+maya(접사)	vākmaya 〔vāŋmaya〕 문학
tn → 〔nn〕	ut(위로)+nati(굽히는)	utnati 〔unnati〕 발전
tm → 〔nm〕	ut(위로)+mūla(뿌리)+na(-ing)	utmūlana 〔unmūlana〕 근절

위의 예를 통해 힌디어에서도 한국어에서와 마찬가지로 'k-m,

t-n, t-m'의 자음 연쇄를 글자대로 발음하지 않고, 위치는 고정한 채 방법만을 조정하여 〔ŋm〕, 〔nn〕, 〔nm〕으로 발음함을 알 수 있다. 이는 한국어의 '국물', '닫는', '곁눈'에서 일어나는 동일한 음운 변화이다.

지금까지 자음 연쇄의 발음 유형에 관하여 살펴보았다. 한국어는 인접한 자음 간에 아무런 음운 변화가 일어나지 않는 베트남어나 중국어와 달리, 또한 영어나 일본어와 같이 조음 위치만 관련을 맺는 언어와도 달리 인접한 자음 간에 방법 동화가 일어남을 보았다. 다음 장에서는 한국어의 자음 연쇄를 외국인 학습자들에게 교육하는 방안에 관하여 살펴보기로 한다.

5. 한국어 발음 교육 방안

한국어의 자음 연쇄의 발음은 타 언어와 대조했을 때 상당히 독특한 특징이 있으므로 외국인 학습자들이 이를 제대로 발음하는 일은 쉬운 일이 아니다. 한국어의 자음 연쇄의 발음을 교육할 때 무엇보다도 중요한 것은 인접한 자음의 위치에 변동이 일어나는 것이 아니라 조음 방법에 변동이 일어난다는 사실을 알게 하는 것이다. 이를 위해서는 조음 위치가 다른 자음 연쇄를 포함하고 있는 단어를 제시하여 발음 연습을 한다. 그 예를 제시하면 다음과 같다.

양순음 + 치조/경구개음/연구개음: 감사, 감당, 남자, 감기 치조음 + 양순음/경구개음/연구개음: 신문, 간장, 연기 연구개음 + 양순음/치조음/경구개음: 강물, 강당, 강사, 상자

위치 동화가 일어나는 언어를 모어로 하는 학습자들의 경우에는 위의 단어를 각각 '간사, 간당, 난자, 강기', '심문, 강장, 연기', '감물, 간당, 간사, 산자'로 발음하기 쉽다. 교사는 주의하여 듣고, 이러한 현상이 일어날 경우 교정해 주어야 한다.

그 다음으로는 비음화나 유음화가 일어나는 환경을 알도록 하는 것이다. 이를 위해 비음화가 일어나는 단어를 세 가지 그룹으로 나누어 제시한다. 먼저 장애음 + 비음의 경우를 제시한다. 이때 비음 + 장애음의 경우는 아무런 음운 변화가 없음을 알도록 한다. 이 때 같은 음운 환경에서 동화가 일어나지 않는 'nickname, good man, good night, map maker' 등의 영어를 제시해 주는 것도 이해를 도울 수 있다.

예: 막내, 국물 vs 안개, 임금

둘째, 비음 + 유음의 경우를 제시한다. 이 때도 역시 유음 + 비음의 경우에는 아무런 음운 변화가 없음을 대조적으로 보여 준다. 이 때 같은 음운 환경에서 동화가 일어나지 않는 'kingly, long run, some like' 등의 영어를 제시해 주는 것도 이해를 도울 수 있다.

예: 정리, 승리, 심리, 음력 vs 얼마, 설마, 설명

셋째, 장애음 + 유음의 경우를 제시한다. 이 경우는 앞의 두 경우와는 달리 앞뒤 자음 모두에 비음이 없기 때문에 외국인 학생들이 훨씬 더 어려워한다.[03] 따라서 한국어의 발음 교육 시 특별한 주의를 요하는데 다음과 같은 단어들을 활용할 수 있다.

예: 입력, 독립, 국력, 박람회 vs 갈비, 딸기, 얼굴, 날개

유음화의 경우는 'ㄴ'과 'ㄹ'이 앞뒤 위치에 관계없이 [ㄹㄹ]로 바뀌기 때문에 상대적으로 수월하다. 다만 이러한 음운 변화가 낯설고, 'ㄹㄹ'의 발음이 쉽지가 않기 때문에 어려움을 겪을 수 있다.[04] 유음화를 교육할 때 제시할 수 있는 단어의 예이다.

예: 'ㄴ + ㄹ'의 경우: 진리, 관리, 편리, 신라 예: 'ㄹ + ㄴ'의 경우: 설날, 줄넘기, 오늘날, 물난리

03 분마르어드 껀나파(2012)에 따르면 태국 학생들의 비음화의 오류율을 보면, 장애음 + 비음이 46.26%이고, 비음 + 유음이 69.75%인 데 반해 장애음 + 유음의 경우는 85.1%에 이른다. 이는 장애음 + 유음이 모두 비음으로 바뀌는 음운 변동이 다른 두 경우보다 학습이 어려움을 나타낸다. 따라서 이에 관하여는 일정 기간 동안 반복 학습을 해야 한다.

04 분마르어드 껀나파(2012)에 따르면 태국 학생들의 유음화의 오류율을 보면, 'ㄹ + ㄴ'이 65.4%이고, 'ㄴ + ㄹ'이 70.95%이다. 이는 음운 환경에서 기인된 것이 아니라 종성에서 'ㄹ'을 사용하지 않는 태국인 학습자들에게는 유음 'ㄹㄹ'의 발음이 어려운 데서 기인된 오류일 것이다.

유음화를 교육할 때는 한국어의 유음화의 특성을 알게 하도록 하기 위하여 같은 환경에서 유음화가 일어나지 않는 'only, Henry, on-line, all night' 등의 발음과 대조해 준다. 또한 위와 같은 단어를 한국어식으로 발음하여 줌으로써 유음화를 깨닫게 한다.

6. 맺음말

자음 연쇄를 발음하는 방법은 언어마다 다르다. 한국어의 경우는 다른 언어에서는 자주 발견되지 않는 인접한 자음 간에 방법 동화가 일어난다. 다시 말해, 장애음이나 유음이 비음으로 소리 나기도 하고, 비음이 유음으로 소리 나기도 한다. 이러한 이유로 한국어를 배우는 학습자들이 적지 않은 어려움을 겪는다. 모어의 규칙대로 음절을 따로 따로 분리하여 발음하기도 하고, 위치 동화를 일으켜 발음하기도 한다. 한국어 자음 연쇄의 발음을 교육하기 위해서는 무엇보다도 학습자로 하여금 동화가 일어나는 환경을 알게 하는 일이 중요하다. 특히 비음화는 단어 내에서만 일어나는 것이 아니라 단어의 경계를 넘어 '밥 먹어요', '복 많이 받으세요'처럼 목적어와 서술어, 또는 목적어와 부사어 간에도 일어날 정도로 강한 음운 변화이므로 발음의 유창성을 확보하기 위해서는 반드시 학습해야만 할 것이다.

SEON JUNG KIM(kimsj@kmu.ac.kr) is an associate professor in the Pepartment of Korean Studies Keimyung University, Korea.

외국어로서의 한국어 교육을 위한 한국어학

몽골인 학습자의 한자어 활용 양상에 대한 연구 | Sainbilegt.D

몽골인 학습자의 한자어 활용 양상에 대한 연구

—

Sainbilegt.D (몽골국립대학교)

1. 서론

한국어와 몽골어는 알타이어족 계통에 속하는 언어로 알려져 있다. 최근 알타이어 계통론을 지지하는 학자들이 줄어들고 있으나 이 두 언어가 어순을 비롯해 유사점이 많다고 생각하는 사람들이 여전히 있다. 필자도 처음에 이 두 언어가 유사점이 많을 거라고 막연히 믿었다. 하지만 지난 20년 동안 한국어를 배우고 연구할수록 유사점보다 차이점이 더 많다는 생각이 들었다. 주어 뒤에 서술어가 오는 어순이 같아서 몽골인 학습자가 한국어를 처음 접했을 때 그리 어렵게 느껴지지 않지만, 한글을 쉽게 배웠다가 한자를 만났을 때, 한국어의 존댓말과 반말의 복잡한 체계를 접했을 때, 몽골어보다 수가 많은 조사와 어미를 알게 되었을 때 학습 부담감이 두 세 배로 커진다. 뿐만 아니라 두 언어의 유사성을 맹신하다가는 번역과 통역에서 문체상의 오류도 범하게 된다.

본고에서 두 언어 차이점의 하나인 한자어 사용에 대해 살펴보기로 한다. 한자어는 한국어의 60% 정도를 차지할 정도로 그 비중이

막중하다. 그런데도 한국어 교육 현장에서 한자어가 그리 관심을 받지 못한 이유는 무엇일까. 필자는 다음 몇 가지 선입견이 한자 교육의 난점이 되고 있지 않는가 하는 생각을 해 본다.

첫째, 한국에서 한자어 사용이 점점 사라지고 있으니 굳이 가르칠 필요 없다.

둘째, 한자어는 고급반이나 특별반에서 가르치면 된다.

셋째, 외국인을 위한 체계적인 한자어 교육과정이 갖춰져 있지 않다.

첫째 문제에 있어, 시대 흐름에 따라 한국인들의 한자어 사용이 줄고 있는데 외국인이 굳이 그 어려운 한자를 배울 필요 있겠는가 하는 생각에서 기인한 것이다. 그러나 한국어 어휘에 한자어가 있는 한 그 교육도 같이 이뤄져야 하며, 위와 같은 인식이 한자어 교육의 중요성을 감소시킬 요인이 될 수 없다고 본다. 둘째는 한국어 교육에서 흔히 다루어지는 것인데, 한자권 학습자들을 위한 교육 환경에서 그 주장이 맞을 수 있어도 비한자권 학습자들의 경우 한자어를 초급부터 체계적으로 가르쳐야 할 것이다. 즉, 한자의 음과 뜻, 모양에 대한 지식에서 시작해서 한자어의 조어력과 활용 등 한자어에 대한 체계적인 교수학습방법이야말로 비한자권 학습자의 한국어 구사능력을 키울 수 있는 지름길이 된다. 그리고 셋번째로 제시한 외국인을 위한 한자어 교육과정의 체계성 문제는 어렵다는 이유로 미루는 것보다 한자어 교육 내용의 위계화라든가 현지 한자 교육과정에 맞는 교재나 교수학습 방법의 개발을 서두를 필요가 있다.

외국인을 위한 한자어 교재가 별로 없는 열악한 교육 환경에서 한자어를 성공적으로 배운다는 것은 쉽지 않는 일이다. 이러한 어려움을 안고 있어도 지금까지 몽골인 학습자들의 한자어 활용 양상에 대한 연구가 이뤄지지 않았다. 본고는 몽골에서 이뤄지고 있는 한자어 교육의 실태를 교수와 학습자를 대상으로 한 설문 조사를 통해 알아보며, 한자어 활용 양상을 학습자들의 시험 자료와 주제작문에서 나타나는 오류를 중심으로 살펴보고자 한다. 이를 통해 현지 한자어 교육의 개선점을 모색하고자 한다.

2. 몽골 대학들의 한자어 교육 현황

현재 몽골의 25 대학에서 4000여명의 학생들이 한국어를 학습하고 있다. 그 중에서 한국어를 전공으로 배우는 학생 수는 1,748명이고, 외국어 선택으로 배우는 학생 수는 2,209명이다(권성훈, 2009:74). 현지 몽골 일부 대학 한국어 교육과정을 살펴보면 거의 대부분 학교에 한자 교과과목이 개별 과목으로 개설되어 있다 (표 1[01]). 이는 비한자

01 Sainbilegt. D(2006) 참조. 이 대학교들은 몽골에서 한국어 교육을 하는 주요 대학교들이며 교육과정 내용상 한자 교육을 별도로 운영하는 학교들이다.

권 몽골 학생들을 위한 한자 교육은 필수 과목임을 인식하기 때문이다.

〈표 1〉 몽골 대학 한국어 교육과정 개설 교과과목

번호	학교명	한국어 전공 교과과목
1	몽골국립대학교 한국학과	한국어 기능 교육: 초급~고급 말하기· 듣기, 읽기· 쓰기 한국어 지식 교육: 한국어발음법, 문법, 어휘론, 한자, 번역(정치, 법률, 경제, 문학등 번역), 통역, 한국어문체론, 비교문법 한국학 교육: 한국사(고대~현대), 한국민속학, 한국문학사, 한국 정치제도, 한국사회학, 한국 경제, 한국어교수법 선택 과목: 한국문화론, 한국어의 역사, 지역학, 한국언론정보, 고문서학, 몽골에서의 한국학, 한국에서의 몽골학, 한국어능력시험, 한글 word processor.
2	사립울란바타르 대학교 한국어과	한국어 기능 교육: 한국어 듣기, 한국어 말하기, 한국어 말하기 심화 한국어 지식 교육: 한국어 문법, 어휘론, 한국어발음법, 한국어 작문, 한자, 한국어 문체론, 번역 한국학 교육: 한국사, 한국문화와 풍습, 한국경제, 한국고전문학, 한국현대문학, 사이버 교육, 사회봉사론, 한국지리학
3	사립인문대학교 한국학과	한국어 기능 교육: 초급~고급 한국어 말하기 한국어 지식 교육: 한국어발음법, 어휘론, 번역개론, 한몽 번역, 몽한 번역, 텍스트학, 공문서 번역, 법률 번역, 전문번역, 사회 정치 언론 번역, 과학기술번역, 관광분야 번역, 문학번역, 한자, 담화분석, 문장론, 언어학 연구방법론, 속담관용표현, 한국어능력시험 한국학 교육: 한국인 · 한국지리, 한국문학, 문화론, 한글 Word Processor, 한국경제, 현대사, 고대사, 한국사회, 한국정치

4	국립울란바타르 대학교 한국어과	한국어 기능 교육: 한국어 읽기, 한국어 말하기 한국어 지식 교육: 한국어 문법, 어휘론, 한몽 번역, 몽한 번역, 한자 한국학 교육: 한국학(통합 과목)
5	사립어르헝대학교 한국어과	한국어 기능 교육: 한국어 말하기, 듣기, 읽기 한국어 지식 교육: 기초한국어, 한국어발음법, 어휘론, 번역, 한국어문체론, 비교문법, 한자 한국학 교육: 한국학, 한국문학
6	국립공과대학교 한국어과	한국어 기능 교육: 한국어 말하기, 읽기 한국어 지식 교육: 한국어 문법 및 어휘 한국학 교육: 한국학
7	국립사범대학교 한국어과	한국어 기능 교육: 한국어 말하기, 듣기, 쓰기 한국어 지식 교육: 한국어학개론, 현대 한국어, 한국어 문법, 비교문법, 한국어발음법, 번역이론과 실습, 한자 한국학 교육: 한국학, 한국어 교수법, 동양 및 한국 문학
8	사립세루크대학 한국어과	한국어 기능 교육: 한국어 읽기, 듣기, 쓰기, 말하기 한국어 지식 교육: 한국어 발음법, 한국어 문법, 한국어 문체론, 어휘론, 한자, 번역1, 번역 2 한국학 교육: 한국문학
9	한몽 기술대학 한국어 기술용어통역	한국어 기능 교육: 한국어 말하기, 듣기, 읽기 한국어 지식 교육: 한국어 발음법, 기초문법, 한자, 기술용어, 한국어 문체론, 번역
10	다르항 대학 한국어과	한국어 기능 교육: 한국어 말하기, 듣기 한국어 지식 교육: 한국어 문법, 어휘론, 한자, 번역

그리고 몽골 한자어 교육 실태를 좀 더 구체적으로 파악하기 위하여 몽골 4개 대학교 교수와 학생들을 대상으로 설문 조사를 실시

하였으며 6명의 교수와 172명의 학생들 응답문[02]에서다음과 같은 유의미한 결과를 추출할 수 있었다.

1) 한자어 교수학습 내용 선정 및 위계화 문제로 인해 체계적인 교수학습이 이뤄지지 않고 있다. 몽골 대학교 한자 교육은 전공과목 또는 선택과목으로 나눠지는데, 한자 교육 시간과 그 내용 분량이 학교마다 조금씩 다르다. 몽골국립대학교의 경우, 2011년 개정된 교육과정에 따르면 한자 교과과목이 별도의 전공과목으로 1학년 2학기부터 4학년 1학기까지 총 9학점을 이수하도록 되어 있다면[03] 사립울란바타르 대학교 한국어과의 경우 2학년 2학기와 3학년 1학기 때 각각 2학점 총 4학점, 인문대학교는 3, 4학년 때 총 4학점, 이흐자삭 대학교가 1학년 1학기부터 4학년 1학기까지 총 6학점 정도 이수하도록 하고 있다.

이번 설문 조사에서 몽골국립대학교 한국학과 교수들은 졸업 전에 한자능력검정시험의 준4급에 해당되는 750자를 가르치는 것이 적당하다고 보고 있는데 비해 다른 학교 한국어과 교수들은 대체로 2학년부터 일주일에 4시간씩 배정하여 기초 한자어 900자를 졸업

02

	대학교명	교수 수	학년별 학생수				
			1학년	2학년	3학년	4학년	총
1	몽골국립대학교	2	26	16	16	16	76
2	인문대학교	2	10	13	13	14	52
3	사립 울란바타르 대학교	1	8	8	17	15	49
4	이흐자삭대학교	1	–	–	–	–	1
	합계	6	44	37	46	45	178

03 한국학과교육과정 체계상 2-4학기 때는 매 학기에 2학점씩, 5-7학기 때는 매학기 1학점씩 한자 교과과목을 이수하도록 배정되어 있다.

전에 이수하게 함이 필요하다고 하였다. 반면에 설문조사에 응한 학습자들의 15%가 수업 시간에 배우는 한자가 너무 많고 대충대충 넘어가서 습득이 어렵다고 하였다. 즉, 교수들이 가르치기를 희망하는 한자 수와 학습자들이 바라는 한자 수가 엇갈리고 있는 것이다. 외국인 중에서 비한자권 학습자들이 학습할 수 있는 한자 개수를 선정하는 데 있어 강현화·김창구(2001)과 문금현(2003)을 참조할 수 있는데, 문금현(2003:23)에서 한국인의 사용 빈도, 난이도, 기초·기본 어휘 우선 순위, 구어와 문어의 조화를 기준으로 다음 한자어 개수를 제시하고 있다.

초급 단계-(1) 기초 한자 50개/ (2) 초급 한자어 목록 342개
중급 1 단계-(1) 기본 한자 100개/ (2) 중급1 한자어 목록 680개
중급 2 단계-(1) 기본 한자 150개/ (2) 중급2 한자어 목록 1000개
고급 단계-(1) 상용 한자 230개/ (2) 고급 한자어 목록 1752개

2) 한자 교과과목의 타 교과과목과의 연계가 이뤄지지 않아 학습자의 한자어 활용에 어려움이 있어 보인다. 몽골국립대학교의 경우 한국학과 설립 이래(1991년) 한자가 별도의 교과과목으로 운영되어 왔다. 이것은 한자 자체에 대한 교육에 있어 효과적이지만 한자어 활용에 있어서 한계점을 지니고 있다. 즉, 한자 교과과목을 어휘나 쓰기 등 타 교과과목과 연계해서 가르치는 방법을 모색해야 한다는 것이다. 아니면, 한자어 활용 연습이라든가, 다양한 교수학습 방법이 개발되어야 하는데, 현지 교수들은 그럴만한 시간 확보가 어려워 한자 교재에만 의존하는 경향이 있다.

학습자 설문 응답에서도 학습자들의 한자 학습 방법이 주로 베껴쓰기와 암기에 치중되어 있음을 알 수 있었다. 한자 학습에 사용되는 방법 중 제일 많이 활용되는 방법이 베껴쓰기 48%, 그 다음은 암기법 24%, 옥편과 인터넷과 교과서를 활용하거나 교수님께 물어보는 방법 20%, 기타 번역과 독서, 받아쓰기 등 15%를 자치했다. 이를 그림으로 보여 주면 다음과 같다.

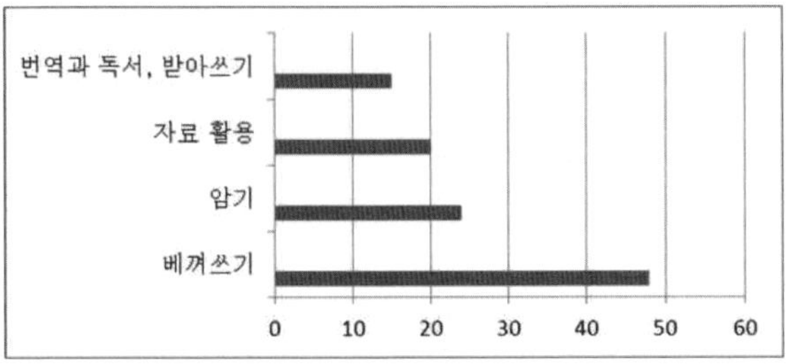

〈그림 1〉 몽골 학습자들의 사용하는 한자 학습 방법

따라서 한자 교육에서 가장 어렵다고 인식하는 것이 무엇인지 물어보는 질문에(복응답이 가능) 한자어의 의미 구별이 어렵다는 응답이 53%로 제일 많았고, 그 다음은 한자어 익히기 42%, 독음하기 41%, 한자어 활용이 32%, 한자어의 구성 원리 및 쓰기가 어렵다는 응답이 30% 순으로 나타났다. 이를 그림으로 보여 주면 다음과 같다.

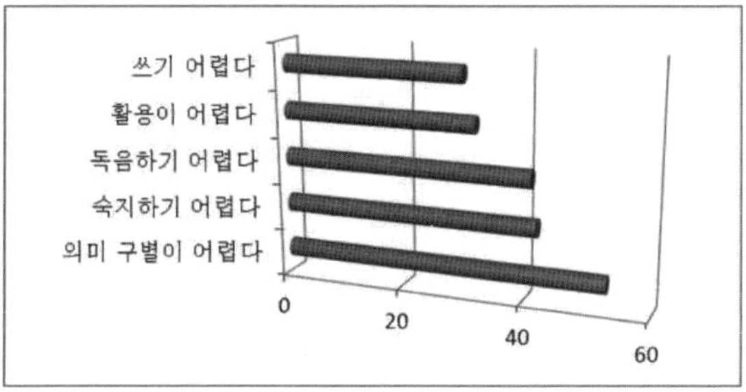

〈그림 2〉 한자 학습에서 학습자들의 가장 어렵다고 인식하는 것

그러나 무엇보다도 학습과정상 가장 큰 방해물은 바로 '한자가 어려워서 못 배울 것이다'는 심리적 학습자 부담감임을 한자 담당 교수들이 지적한다. 그러므로 한자어를 쉽고 재미있게 교수학습하는 방법이야말로 이와 같은 학습 부담을 줄일 수 있다. 그리고 학습자들이 어려워하는 한자 의미 구별하기와 독음 및 쓰기, 한자를 숙지와 관련된 다양한 교수방법이 활용되면 한자 학습 효과가 개선될 것으로 보인다.

3) 현지 교육과정에 맞는 교재 개발과 한자어 교육자 양성 문제가 시급하다. 이번 설문 조사에서 제일 많이 제기된 문제가 한자어 교재 문제였다. 몽골인을 위한 교재, 즉 몽골어로 설명이 되어 있으면서 한자어 구성이나 제자 원리부터 한자어의 조어력과 유의자와 다의자를 설명한, 다양한 활용 연습과 활동이 있고, 독학과 흥미 유발이 가능한 교재 개발을 학습자들이 요구하고 있었다. 현재 몽골대학 한자어 교육에서 사용되고 있는 주교재와 부교재를 소개하면 다음과 같다.

a) 연세대학교 한국어학당 편. 2006년. 『한자와 함께 배우는 한국어 1, 2』. 연세대 출판부.

b) 안영훈·김유범·송병우 지음. 2005/2012년. 『대한민국 대표한자, 넥서스 Academy』.

c) (사)한국어문회 주관. 2004/2012년. 『한자능력 검정시험 8-1급』. 한국어문교육연구회.

d) 최권진. 2006년. 『속담으로 배우는 한국어 1』. 한국문화사.

e) 김선정 · 강진숙 · 윤애숙 · 임현정. 2007년. 『살아있는 한국어 한자성어』. 랭기지플러스.

f) 글 · 여해 강영수. 2009. 『역사와 일화가 있는 고사성어』. 도서출판 큰방.

g) 한자교재연구소 지음. 2012년 『상용 1800자 한자쓰기』. (주) 도서출판명성.

h) 기타 여러 옥편과 한자어 사전들.

상술한 바와 같이 현장에서 여러가지 교재가 사용되고 있지만 몽골인 학습자를 위한 교재 개발에 대한 요구가 있음을 고려하여 현지 맞춤형 교재 개발을 서두를 필요가 있다고 본다. 이것은 중급 이상의 한국어 학습자들의 수가 늘어나고 있는 현실을 감안하여 질적인 한국어 교육 향상을 위하여 필요한 작업이 될 것으로 기대된다.

그리고 한자 교육자 양성 문제도 거론되고 있는데 몽골 대학 한자 교육이 주로 한국인 교수들에 의해 이뤄지고 있어 한자 교육을 책임질 수 있는 몽골 교수 양성도 필요하다.

3. 몽골 학습자들의 한자어 활용 양상

이 절에서 몽골 대학 학습자들의 한자어 시험 자료와 주제작문 자료 분석을 통해 학습자들의 한자어 활용 양상을 살펴보기로 한다.

3.1. 학습자들의 한자 시험답안지 분석

학습자들의 한자어 시험 자료로는 몽골 이흐자삭 대학교에서 개최하는 제 3회 한국한자경시대회(2011년) 시험답안지를 활용하였다.[04] 출제문은 한자능력검증시험의 8-6급 수준의 한자어로써 한자의 훈과 음 쓰기, 상관관계에 있는 한자를 찾기, 사자성어 쓰기, 반대 또는 상대되는 한자와 유의자 찾기, 독음하기 등 문제로 이뤄진 50개문항의 100점 만점의 시험이었다. 제 3회 한국한자경시대회에 총 45명의 대학생들이 응시했으며 그 채점 결과를 제시하면 〈표 2〉와 같다.

〈표 2〉 한국한자경시대회 응시자 득점

득점	1-10	11-20	21-30	31-40	41-50	51-60	61-70	71-80	81-90	91-100	100점
학생수	3	4	6	2	2	4	5	8	7	4	45명

04 이흐자삭 대학교가 2009년부터 매년 현지 대학교 학생들을 대상으로 한국한자경시대회를 개최하고 있으며, 각 대회에 6-7개 대학교 40~50여명의 대학생들이 한자능력검정시험 8-6급 수준의 한자 문제를 풀면서 서로 겨루고, 한국 한자에 대한 이해도를 높이고 있다(이흐자삭 대학교 교육자와의 인터뷰와 제공받은 경시대회 관련 자료를 근거했음).

위 채점 결과를 살펴보면 전체 응시자들의 47%가 60점 이하, 나머지 53%가 60점 이상의 점수를 받았다. 이것은 기초 한자 150-200개 수준에서 출제된 시험문제 치고는 그리 만족할만한 결과가 아닌 듯하나 비한자권 학습자를 대상으로 한 한자 자체에 대한 시험이고 한자를 학습하는 모든 학년 학습자를 아우리는 시험임을 감안하면 정상적인 결과라 할 수 있다. 대체로 빈도 높고 부수도 적으면서 외우기 쉬운 한자, 가령 '일석이조(一石二鳥)' 나 '일구이언 (一口二言)'과 같은 한자 문제는 잘 풀었지만 부수가 많아지고 빈도가 낮은 한자일수록 잘 못 풀었다.

시험 문제 중 응시자들이 가장 많이 틀린 문항을 찾아보면 유의자를 찾는 문항이었다. 이러한 문제가 그리 어려운 것 같지 않아도 한자의 여러 의미를 제일 어렵다고 인식하는 몽골인 학습자에게 있어 이와 같은 유의자를 찾는 문제가 부담이 많은 문항인 것이다. 그 문항 내용을 제시하면 다음과 같다.

〔問題 41~44〕 다음 한자(漢字)의 유의자(類義字)를 〈예〉에서 찾아 그 번호를 쓰십시오.

〈예〉 ① 大　② 考　③ 木　④ 道
⑤ 典　⑥ 社　⑦ 語　⑧ 結

(41) 巨- (　)　(42) 法- (　)
(43) 思- (　)　(44) 樹- (　)

그런데 한 가지 흥미로운 것은 어려운 한자가 포함되어 있어도 몽골의 지리·역사와 관련된 경우 제법 많은 수인 20여명 (44%)이 답을 맞춘 것으로 되어 있다. 이는 한자 교육에 학습자 배경 지식을 활용하는 방법도 모색될 수 있음을 보여 주는 사례라고 할 수 있다. 그 문제를 보여 주면 다음과 같다.

〔問題 45~47〕 다음 글의 밑줄 친 한자어의 독음(讀音)을 쓰십시오.

수흐바타르 (45)廣場 옆에는 (46)自然사박물관, (47)歷史박물관, 정부 청사, (48)市廳, 문화 궁전, 오페라 극장 등이 있다.

(45) 廣場 (　　　　　)	(46) 自然 (　　　　　)
(47) 歷史 (　　　　　)	(48) 市廳 (　　　　　)

앞으로 몽골 대학교 한자 교육은 한국 한자능력검정시험 등급뿐만 아니라 몽골 학습자 요구와 현지 한자 교육과정 설계에 맞추어 현실적으로 개발될 필요가 있어 보인다. 그 이유는 한자 교육이 잘 이뤄져야 학습자들의 한국어 능력도 향상될 수 있기 때문이다.

3.2. 학습자 작문 자료 분석

교육적인 목적을 위한 오류 분석은 학습자의 오류를 확인하고 그 오류의 유형을 기술하고, 그 원인을 추적하고 그 심각성을 평가하는 일련의 분석 과정에서 교육적인 시사점을 찾아 처방을 내리려는 목적으로 행하는 분석이다.

여기에서 몽골국립대학교와 인문대학교와 사립울란바타르대학교, 엥흐오르칠롱 대학 1~4학년 학생 188명을 대상으로 실시한 조사에서 수집된 주제작문 128편에 나타난 한자어 오류문 분석 결과를 제시하기로 한다. 조사에 참여한 학습자 수를 대학교별로 제시하면 다음과 같다.

〈표 3〉 대학교별 조사 응답자 수

	대학교명	학년별 학생수				
		1학년	2학년	3학년	4학년	총
1	몽골국립대학교	26	16	16	16	74
2	인문대학교	10	13	13	14	50
3	사립 울란바타르 대학교	8	8	17	15	48
4	엥흐오르칠롱	5	5	-	6	16
	합계	49	42	46	51	188

이번 학습자 오류 분석 절차가 다음 순으로 이뤄졌다. 먼저 학생들 주제작문에서 한국 한자어와 관련된 오류문을 판별하여 오류 유형에 따라 분류하였다. 오류는 어절보다 문장 단위로 이뤄졌으며 총 128편의 주제작문에서 1122개 문장이 생성되었다. 그 중에서 한자어 활용과 관련된 오류문이 113개로 전체 문장의 10%였다. 이와 같이 한자어 오류문이 적게 나타난 것은 전체 학습자 작문 자료에

한자어 활용이 적었던 것과 관련이 있다. 즉, 잘 모르는 언어 요소를 사용하지 않으려고 하는 학습자 회피전략과 관련이 있어 보인다.[05]

오류 유형을 크게 3가지로 분류했는데 언어간 오류와, 언어내 오류, 그리고 학습상의 오류가 그것이다. 이를 표로 나타내면 다음과 같다.

〈표 4〉 오류 유형에 따른 오류문 개수

	오류 유형	판정문
1	언어간 오류	61
2	언어내 오류	17
3	학습상의 오류	35
	합계	113

언어간 오류는 주로 모국어 간섭에 의한 오류이며, 언어내 오류는 목표 언어 규칙에 대한 인식 부족에서 기인한 오류이고, 학습상의 오류는 한자어 맞춤법이나 교수학습 과정에 의한 오류이다. 그 외의 오류는 그 원인이나 형식에 따라 더 세분화될 수도 있고 아니면 모든 오류를 외국어 습득 발달 과정으로 볼 수도 있지만 본고에서는 앞서 언급한 3 유형에 따라 분류하면서 몽골 학습자들의 오류문의 특징을 밝히는 데 주력했다.

05 작문 주제는 1학년이 "독후감"이고, 2학년은 '여가 시간', 3학년은 '나의 미래', 4학년은 '진로 문제'이다.

3.2.1. 언어간 오류

언어간 오류는 모국어 간섭에 의한 오류로 모국어의 영향이 목표 언어에 과잉일반화 되어 나타나는 경우이다. 이번 학습자 작문 자료에서 언어간 오류문이 61개 (53%)가 식별되었는데, 이것은 학습자 언어 노출 시간과 관련이 있다. 즉, 설문 조사 응답자 172명 중 45명(26%)이 한국 단기(4개월에서 2년간) 유학 경험을 갖고 있었고 나머지는 몽골에서만 학습한 것으로 조사되었다. 이들 오류문에 나타난 한자어 활용을 보이면 다음과 같다.

1) 몽골어 조사 간섭에서 기인한 오류문

ㄱ. 나는 **대학교의**(√ 대학교) 학생입니다.(√ M 대학교 1학년)06
Bi ih surguul**iin** oyutan.
나 대 학교(+소유격조사) 학생.

ㄴ. 선배들 **2학년의 학생들한테** (√ 2학년 학생들한테)여가 시간이 주로 없다고 했어요. (U-2)
Deed angiinhan 2 ang**iin** oyutand choloot tsag barag baihgui gesen.
선배들은 2학년(+소유격조사) 학생에게 자유 시간이 거의 없다고 했다.

06 학생들의 오류 실태를 보여주기 위해 그들이 작성한 문장을 그대로 실었다. 괄호속은 오류에 대한 필자의 수정이다. 한국어와 몽골어 문장이 어떻게 다른지 보여 줄 목적으로 몽골 학생들이 작성한 한국어 문장 아래에 그에 해당하는 몽골어 문장을 제시했다.

ㄷ. 우리 학교 도서관은 **우리 학교에** (√ 우리 학교) 이 층에 있습니다. (M-2)

Manai surguuliin nomiin san surguul**iin** 2 davhart baidag.

우리 학교(+소유격조사) 도서관은 학교(+소유격조사) 2층에 있다.

ㄹ. 저는 보통 **방학으로** (√ 방학 때) 다르항으로 갑니다. (M-2학년)

Bi dandaa amralt**aar** Darkhan ruu yavdag.

내가 보통 방학 (+조격조사) 다르항으로 간다.

ㅁ. 저도 졸업한 후에 석사로(√ 석사 과정에서) 배울 생각이에요. (H-4)

Bi togssonii daraa master**aar** surah sanaatai.

내가 졸업한 후 석사 (+조격조사) 공부할 생각이다.

몽골어는 관형격 조사 '-iin/-n' 형태가 가장 빈도 높게 실현된다. 만약 학습자가 한국 한자어의 관형적 조사 생략에 대해서 올바르게 습득하지 못한다면 앞의(ㄱ),(ㄴ)번과 같은 모국어 영향을 받아 비문을 생산하게 된다. 또한 (ㄷ)번의 부사격 조사 '에'도 몽골어 관형격 조사 'iin'의 과잉일반화로 인한 것이다. 예문 (ㄹ), (ㅁ)은 몽골어 조격(造格) 조사 '-aar'을 한자어에 바로 붙어 비문을 만든 경우이다. 한자어와 한국어 조사의 호응 관계에 있어 조사가 생략되거나 그 활용에 제약이 많다는 점을 학습자들에게 잘 가르쳐 주어야 이와 같은 오류를 줄일 수 있다.

2) 몽골어 단어 활용 간섭에 의한 오류문

ㄱ. 저는 미래에 대학교를 졸업하고 석서가 되겠어요. 벌써 30살이 되니까 **사회에 다녀올 거예요** (√ 사회에 진출할 것이다). (M-4)

Bi ireeduid ih surguulia togsood master bolno. 30 hurchihsen bolohoor **niigemd garah** bolno.

내가 장래에 대 학교를 졸업하고 석사가 될 것이다. 30세가 되었기 때문에 사회에 진출할 것이다.

ㄴ. 사람마다 부모님들이 **한개만 얻어요** (√ 하나뿐). (U-2)

Hun burd etseg **eh neg lzayadag.**

사람 마다 부모님은 하나만 주어진다.

ㄷ. 공부를 열심히 하고 몽골에 **1위인** (√ 최고) 통역사가 될 것입니다. (M-3)

Hucheelee sain hiigeed mongold **1-d oroh** helmerch bolno.

공부를 열심히 해서 몽골에서 제일에 들어갈 통역사가 될 것이다.

ㄹ. 많은 시간을 **무익하게 흘리는** (√ 낭비하는) 사람들도 있다. (M-3학년)

Ihenkh tsagaa **ashiggui ongoroodog** humuus baidag.

대부분 시간을 무익하게 지내는 사람들이 있다.

ㅁ. 저는 **가능한 시간에** (√ 여가 시간에) 보통 인터넷을 사용한다. (M-3학년)

Bi bolomjtoi tsagaaraa golduu internet ashigladag.
내가 여가 시간에 주로 인터넷을 사용한다.

예문 2) (ㄱ)-(ㅁ)은 몽골어 단어 활용이 크게 간섭한 오류문이다. 즉, 말하고자 하는 내용을 목표언어로 표현하지 못할 때 모국어 표현 방식을 그대로 적용한 것인데, '가능한 시간' 이나 '1위인' 라는 표현이 전체 문장을 통해 이해될 수 있어도 '사회에 다녀오다(사회에 진출하다)', '무익하게 흘리다 (낭비하다)' 등은 무슨 말인지 이해하기 어려울 수 있다. 이와 같은 모국어 간섭이 심한 표현은 언어 교수의 적절한 조치에 의해 수정될 수 있으나 그렇지 못할 경우 의사소통에 장애가 생긴다.

3) 몽골어 간섭이 크게 작용한 비문

다음과 같은 비문들은 모국어 간섭이 아주 크게 작용한 사례가 되겠다.

ㄱ. 저희 같은 **전문 학생들이** 그들보다 더 **전문적으로 배우고 사용해서 그 이익을 우리들은 받아야 한다** (√ 저희 같은 전공생들이 전문적으로 배운 것을 활용해서 이익을 취득해야 한다). (U-3)
Biden shig mergejliin oyutnuud busdaas iluu **mergejleeree** surch ashig tusiig ni hurteh yostoi.
우리 같은 전공 학생들은 다른 이들보다 더 전문적으로 배우고 이익을 취득해야 한다.

2년 전문학과에 입학해서 **전공을 받고 나서** 일하는 사람들이 있다(√ 2년 전문학교에 다니고 전공을 한 다음에). (H-4)
2 jiliin mergejliin surguulid elsen orj **mergejil** ezemshsenii daraa ajil hiideg humuus baidag.
2년 전문 학교에 입학하고 나서 전공을 한 다음 취직하는 사람들이 있다.

사람들은 자신 의견하고 특성 재미 대로 직업을 갖고 일을 하는 것은 가장 중요하다(√ 자기 생각에 따라 원하는 직업을 갖고). (U-4)
Humuus ooriin sanalaar husch baigaa **mergejliin** ajlaa hiih ni hamgiin chuhal.
사람들이 자기 생각에 따라 원하는 직업을 갖고 일하는 것이 중요하다.

ㄴ. 그리고 가끔 **다급적인 점도** 있다. 또 **다급적이라서** 모든 것을 빨리 끝내야 마음에 든다 (√ 가끔 성급하게 할 때가 있다. 너무 성급해서 모든 일을 빨리 끝내야 직선이 풀린다). (E-4)
Zarimdaa **yardag** tal bii. Ih **yaruu** bolohoor buh zuiliig hurdan duusgaj baij sanaa amardag.
가끔 성급하게 할 때가 있다. 너무 성급해서 모든 일을 빨리 끝내야 직선이 풀린다.
아직도 자기의 **급한** 모습을 많이 본다(지금도 내가 너무 성

급하게 군다). (M-3)

Odoo ch ooriin **yaruu** zang ih hardag.

지금도 자기의 급한 모습을 많이 본다.

ㄷ. **환경 위험 등을 지우고 정보나 국회를 바뀌고 좋은 일을 할 수 있는 사람한테나 맡기고 싶습니다** (√ 환경 오염을 없애고 정부와 국회를 변화시킬 수 있는 훌륭한 사람을 선임해야 한다). (M-4)

Baigaliin ayuliig arilgaj zasgiin gazar ih hurliig oorchilj sain ajillah hund songohiig husch baina.

환경 오염을 없애고 정부와 국회를 변화시키고 일을 열심히 할 사람을 선임하기를 바란다.

3)(ㄱ)에서 나타난 것처럼 몽골 학생들은 '전공(surch bui mergejil)'과 '전문(nariin mergejil)', 또는 '직업(ajil mergejil)' 등 한자어 활용을 혼동하는 경우가 많다. 왜냐하면 이 단어들이 몽골어로 'mergejil' 라는 한 단어로 표현되는데, 그 뜻을 문맥상, 아니면 단어 앞에 오는 수식어를 통해 구별할 수 있지만 일반적으로 오류가 많이 발생한다. 마찬가지로 (ㄴ)의 '다급하다'는 단어가 '급하다' '성급하다' 등 한자어와 함께 몽골어에서는 'yarah, sandrah, tevdeh' 등 여러 단어로 표현될 수 있으나 양 언어 단어 활용 용도가 달라서 비문이 발생한다. (ㄷ)의 '환경 위험을 지우다(환경 오염을 없애다)', '좋을 일을 하다(일을 잘 할 수 있다)', '사람한테 맡기다(사람을 선임하다)' 등 표현은 목표언어 지식 부족에서 모국어 간

섭이 크게 작용한 경우이다.

4) 한자어의 명사와 동사 활용을 숙지하지 못해 발생한 오류문

ㄱ. 저는 **축구를 높게 놀아서** 좋다 (√ 축구를 잘 하기 때문에). (M-1)
Bi hol **bombogoor ih togloh** durtai.
내가 축구를 많이 좋아한다.

ㄴ. 나는 부모님들에게 사고 싶은 것은 사주지 못했지만 부모님들에게 자주 **사랑이라고** (√ 사랑한다고) 표현할 거에요. (H-3)
Bi etseg ehdee durtai zuiliig ni avch ogch chadahgui baigaa ch etseg ehdee **hairtai** gej urgelj helne.
내가 부모님께 좋아하는 것을 사드리지 못하고 있지만 부모님께 사랑한다고 늘 말한다.

(ㄱ)은 한자어 명사와 동사 활용을 몰라서 발생한 오류인데 '사랑/사랑하다'를 혼동한 것이다. 몽골어로 '사랑하다'는 말이 'hairtai'라는 명사로 표현되기 때문에 모국어의 영향도 없지 않아 있다. 따라서 (ㄴ)에서의 '축구 **놀다**'라는 말이 몽골어에서 '놀다'의 뜻인 'hol bombog **togloh**'로 표현되는데 '축구하다'라는 동사 활용을 제대로 하지 못한 것인지 아니면 모국어 조어법의 영향인지 앞으로 더 연구해 봐야 할 것이다.

3.2.2. 언어내 오류

언어내 오류는 목표언어의 규칙을 제대로 잘 학습하지 못한데서 기인하는 것이다. 다음 오류문들은 적절한 단어 선택과 문법 규칙을 몰라서 발생한 것이다.

1) 한자어 유의자들의 뜻 구별을 정확히 하지 못한 데서 기인한 오류문

ㄱ. 자기가 **모든 힘을 결집해야** (√ 최선을 다 해야) 한다. (H-4)
ㄴ. 사람들 누구도 **구별하지 않게** (√ 차별하지 않고) 대하는 것이라고 생각한다. (M-3)
ㄷ. 대학교 졸업하고 한국어를 잘 **습득하겠습니다** (√ 배우겠습니다). (M-3)
ㄹ. 그런데 그 행복에 **도착하는** (√ 도달하는) 길이 다릅니다. (U-2)

예문 (ㄱ)-(ㄹ)은 한자어 유의자 혼동에 의해 생성된 비문이다. 학습자 설문 조사에서도 이와 같은 한자어 유의자 활용이 어려운 항목으로 지적되었기 때문에 교수학습상 유의해야 할 것이다.

2) 한국어와 한자어의 혼동에서 기인한 오류문

ㄱ. 저는 **삶에를** (√ 인생이) 아무것도 안 쓰는 백지라고 생각합니다. (E-4)

ㄴ. 꿈 꿀 때 돈을 내지 않으니까 자기 **싶은 것들을** (√ 원하는 것을)다 희망해야 해요. (H-3)

ㄷ. 미래에 **안타깝지 않고** (√ 후회하지 않고) 살기 위해서 시작한 일을 꼭 끝내야 한다. (U-4학년)

예문 2) (ㄱ), (ㄴ), (ㄷ)은 한국어보다 한자어 활용이 더 적합함을 인지하지 못한데서 기인한 오류문이다. (ㄴ)에 있는 '싶은 것'과 '원하는 것'은 몽골어로 둘 다 'husch baigaa zuil'로 번역될 수 있어서 모국어의 영향으로 볼 수 있으나 한국어와 한자어 표현 활용 차이에 대한 지식도 필요한 문장이다.

3) 한자어와 한국어의 조화나 문법 지식 부족에서 기인한 오류문

ㄱ. 시간이 있으면 한 달에 **일번**(√ 한번) 영화를 봅니다.

ㄴ. 사람들이 일산생활에 나오는 제일 큰 문제는 약속 **시키지**(√ 지키지) 않는 것이다. (E-4)

예문 3) (ㄱ)은 한자어와 한국어의 조화로 인해 발생한 것이다. 이것은 한자어 계통의 수사와 한국어 계통의 수사 사용에서 빈번히

나타나는 오류이지만 본고의 작문 자료에 이와 같은 비문이 많이 출현되지 않았다.

(ㄴ)은 '시키다'와 '지키다' 혼동에서 발생한 비문이다. 뿐만 아니라 한국어의 피동과 사동 활용을 몰라서 생긴 오류문이기도 하다. 한국어와 몽골어의 피동과 사동문 표현 방식은 문법 설명이 필요한 부분임으로 본고에서 다루지 않기로 하였다.

3.2.3. 학습상의 오류

학습상의 오류문에는 주로 한자어 잘못 쓴 오류를 포함시켰다. 한자어 발음을 잘못 썼다는 것이 학습상의 오류가 될 뿐만 아니라 그 한자 자체에 대한 지식 부족에서 기인한 것으로 일반 실수로 보기 어렵다.

ㄱ. 이 책은 **공푸**(√ 공부하는) 책입니다. (M-1)

ㄴ. 그래서 우리는 책을 **읽는 빌요합니다**(√ 읽는 것이 필요합니다). (U-1)

ㄷ. 토요일과 일요일은 **효일라고**(√ 휴일이라고) 말하지만 그 날에는 집에서 숙제와 청소를 하고 보냅니다. (H-2)

ㄹ. 그리고 **형재**(√현재)나의 꿈은 능력 있는 통역사이다. (U-3)

ㅁ. 내가 **배운푼야 쪽으로 댁해** (√ 전공분야을 택해서)일해 갈 것이다. (M-4)

ㅂ. 저는 일찍 **취칙하는 것은 잔단점이**(√ 취직하는 것이 장단점이)있다고 생각한다.(H-4)

ㅅ. 경제 **청치**(√ 정치와) 사회 문학 등 배울 것들이 **흔하고 있다**(√ 많다). (U-3)

예문 (ㄱ)-(ㅅ)은 학습상의 오류가 될 뿐만 아니라 발음 문제도 있는 것으로 판단된다. 다시 말해서 몽골 학습자들이 한국어의 'ㅂ/ㅍ', 'ㅇ/ㄴ', 'ㅈ/ㅊ' 등 자음과 '요/유' 모음 발음을 구별하는 데 어려움이 따른다는 것을 보여준다.

4. 결론

본고에서 오랫동안 가르쳐 온 한자 교과과목에 대해 간단하게 살펴봤다. 앞으로 해야 할 일이 아주 많다. 우선 현지 대학교 학습자 수준에 맞는 한자 및 한자어 내용 선정에 대한 연구가 이뤄져야 하며, 이를 바탕으로 현지 언어로 설명된 맞춤형 한자 교재 개발도 이뤄져야 함을 학습자 요구 조사에서 볼 수 있다. 그리고 한자 교과과목 내용에는 한자 자체에 대한 교육 내용뿐만 아니라 한자어 활용에 대한 교수학습 방법도 함께 제시되어야 한다고 본다. 한자 교과과목은 개별 과목으로 설계되되 어휘나 쓰기, 읽기 등 다른 과목과 연계해서 한자어 교육 방법도 모색되어야 한다는 것이다.

주지하시다피디 언어 기능 교육 중 쓰기 교육이 제일 어렵다. 몽골 학습자들도 한국어 쓰기를 어려워한다. 몽골 학습자를 대상으로 한 128편 주제작문 조사 분석 결과 113개 (10%) 한자어 오류문이 생성되었는데, 한자어 오류문이 적게 나타난 것이 어려운 것을 사용하지 않으려고 하는 학습자 회피전략으로 해석할 수 있다. 오류빈도는 어절보다 오류문으로 집계되었고 오류 판정은 언어간 오류와 언어내 오류, 학습상의 오류로 분류되었는데, 대체로 모국어 간섭에 의한 오류가 비교적 많았다. 오류 원인 판정은 비교언어학적 차원에서 설명하려고 노력했다.

이와 같은 학습자의 오류 분석 결과를 한자 및 한자어 교육에 활용하면 학습자의 오류를 판정하고 수정해 나가는 데 효과적일 수 있으며 양질의 한국어 교육 발전을 이룰 수 있을 것으로 기대된다.

Sainbilegt. D.(sainbileg@hanmail.net) is a professor in the Department of Korean Language at the National, University of Mongolia.

외국어로서의 한국어 교육을 위한 한국어학

터키인 학습자를 위한 한국어 문법교육
- 문장을 중심으로 - | Goksel Turkozu

터키인 학습자를 위한 한국어 문법 교육

—

문장을 중심으로

—

Goksel Turkozu(에르지예스대학교, 터키)

에르지예스 대학 한국어문학과는 2000년에 설립되었고, 2003년부터 학생을 선발하여 2007년에 처음으로 20명의 졸업생을 배출하였다. 2012년에 터키에서 처음으로 야간 교육을 시작한 한국어문학과에서 총 151명의 학생이 교육을 받고 있다. 대학원 과정에는 총 11명이 공부하고 있다. 현재 한국인 교원은 3명이고 터키인은 5명이다. 한국인 교원 중 한명은 한국 국제교류재단 파견으로 와 있고 다른 두명은 학교 채용으로 근무하고 있다. 터키인으로 부교수 한명, 조교수 한명, 조교 3명인데 그 중 한 명은 현재 한국에서 대학원 과정을 공부하고 있다. 정원수는 25명이지만 매년 30여 명이 한국어문학과를 지원한다.

한국어문학과에서 문법 교육은 1,2,3학년은 일주일에 4시간, 4학년은 2시간으로 4년 동안 이루어진다. 문법 시간에는 서울대학교 언어교육원에서 나온 한국어 1,2,3,4와 연세대학교 어학당에서 나온 한국어 1,2,3,4가 번갈아 사용된다.

터키어와 한국어는 통사적 측면(어순)에서 SOV 언어로서, 모두 기본 어순으로서 〈주어 + 목적어 + 서술어〉의 특징을 갖는다. 문법적으로 한국어와 터키어는 교착어라서 비슷한 점이 많은 편이다. 이 글에서는 어순부터 시제, 피동, 사동, 겹문장 구성 등을 대조 분석하여 터키인 학습자를 위한 한국어 문장 교육을 다루고자 한다.

이 글의 목적은 터키 에르지예스 대학에서 이루어지고 있는 한국어 문법 교육, 특히 그 중 문장 교육을 통사론적 측면에서 다루는 것이다.

1.머리말

이 글의 목적은 Erciyes 대학에서 한국어 문법 교육을 위해 문장론적 측면에서 바라본 교육 방법에 대해 알아보고자 한다. 터키어와 한국어는 〈주어+목적어+서술어〉 형태의 기본적으로 동일한 어순을 갖고 있으며 또한 교착어이고 조사나 어미의 사용이 매우 중요한 언어라는 공통된 특징을 갖고 있다.

그리고, 시제나 부정문 등이 어미로 이뤄지는 문장론적 측면의 공통점도 상당한 부분을 차지한다.

최근 한국어 교육은 원활한 의사 소통을 목적으로 하는 연구가 많아지고 있으며 이러한 연구 과제를 해결하기 위해서도 문법 교육은 그 무엇보다 중요하다 할 것이다.

이를 위해 Erciyes 대학의 한국어문학과에서 문법 교육을 1, 2, 3학년은 일주일에 4시간씩, 4학년은 2시간씩, 4년 동안 실시하고 있으며 문법 시간에 활용하고 있는 교재는 서울대학교 언어 교육원의 〈한국어 1, 2, 3〉, 연세대학교 어학당의 〈한국어 1, 2, 3〉 이다. 이 글에서는 먼저 터키에서 이루어지고 있는 한국어 교육을 간략하게 소개하고자 한다. 뒤이어 터키어와 한국어의 어순, 시제, 문장 종결법, 부정문, 겹문장 구성을 대조 분석하고 한국어 문법 교육, 특히 문장 교육에 대한 방법을 모색하고자 한다.

2. 터키에서의 한국어 교육

지금까지 터키에서 한국어 교육은 주로 대학 내의 한국어문학과와 대도시에 흩어져있는 소규모의 사설 학원 등에서 이뤄지고 있는 실정이었다. 1989년 Ankara 대학에 한국어문 학과가 최초로 설립되었고 2000년에는 Kayseri시의 Erciyes 대학에 같은 학과가 신설되어 이전보다 훨씬 많은 수의 한국어 관련 졸업생을 배출하게 되었다.

다른 나라의 한국어 관련 학과가 일반적으로 중국어학과나 일본어학과를 보완하는 구조로 설립되었다면 터키에서는 특히 Erciyes 대학은 처음부터 지극히 독립적인 학과로 지정되어 한국어 교육을 활성화 하는데 큰 도움이 되었다. 여기에 때 맞춰 불어온 한류 열풍, 그리고 한국계 기업의 터키로의 진출 확대가 이를 더욱 발전시키도록 하는 동기를 부여하였다.

Erciyes 대학의 한국어 문학과는 2000년에 설립되어 2003년부터 처음으로 신입생을 선발하였으며 2007년에는 비로소 20명의 졸업생을 배출하기 시작하였다.

올해 2012년에는 야간 과정을 포함하여 총 149명의 학생과 대학원 과정의 11명이 있다. 현재 한국인 교원 3명과 터키인 교원은 4명이 수업을 하고 있으며 신입생 정원은 25명이지만 해마다 지원자가 꾸준히 증가하고 있다.

근래 들어 터키의 여러 대학에서 한국어 관련 학과를 신설하고자 하는 움직임이 활발한데 특히 Istanbul 의 Medeniyet 대학과 Ankara의 Yildirim Beyazit 대학, 그리고 Sivas의 Cumhuriyet 대학 등이 가장 적극적이다. 하지만 이들 대학은 계획은 일찍부터 세웠지만 아직도 학과 설립 등이 늦어지는 이유가 교육을 담당할 교육자가 절대적으로 부족하기 때문인데 Erciyes 대학의 대학원 출신 인재들이 그 역할을 할 것이라 기대하고 있다.

그 외에도 터키의 주요 도시인 Istanbul과 Ankara, Izmir에는 세종학당이 설립되어 한국어에 관심을 갖고 있는 다수의 터키인들에게 보다 많은 기회를 제공하게 된 점도 반가운 일이다. 이처럼 한국어와 관련된 교육 기관과 학생의 증가는 필연적으로 다양하면서 고급스러운 새로운 교재의 필요성을 깨닫게 하였다. 따라서 기존에 한국에 유학 온 외국 학생들을 위한 교재를 통해 행해진 수업을 대신

할 수 있는 오직 터키인만을 위한 한국어 학습 교재를 만들기 위해 Erciyes 대학은 그 동안 최선을 다했으며 그 노력의 결과로 한국어 회화용 책자와 문법 교재를 만들어 수업에 활용하고 있다. 또한 금년에는 한국학 중앙 연구원의 지원을 받아 '한국 문화', '한국 고전 문학', '한국 현대 문학'. '한국어 문법' 등의 교재도 준비하고 있다.

3.통사면에서 터키어와 한국어 대조 분석

3.1. 어순

터키어와 한국어는 통사적 측면(어순)에서 SOV 언어로서, 모두 기본 어순으로서 〈주어 + 목적어 + 서술어〉의 특징을 갖는다. 두 언어의 어순이 비교적 자유로우나 수식어가 피수식어 앞에 와야 하는 등 일부 어순은 고정되어 있다.

터키어와 한국어의 어순은 고정 어순과 자유 어순의 양면에서 살필 수 있는데, 고정 어순은 다시 상대적인 고정 어순과 절대적인 고정 어순으로 나눌 수 있다. 상대적인 고정 어순은 동사가 문장 끝에 오고 주어는 목적어의 앞에 온다는 것이며, 절대적인 고정 어순은 수식어는 피수식어 앞에 오고 문법 형태소인 어미, 조사는 어휘 형태소의 뒤에 온다는 것이다.

터키어에서는 기본 어순 〈주어 + 목적어 + 서술어〉 중 강조하고 싶은 성분이 서술어 바로 앞에 온다. 수식어는 피수식어 앞에 온다. 터키어 형용사는 명사 뒤에 오면 형용사의 기능이 바뀐다. 형용사는 수식어로, 명사는 피수식어로 쓰인다. 두 언어는 체언이나 용언의 어간 뒤에 조사나 어미를 연결시키는 후치적 언어이다.

두 언어의 어순에서 차이가 나는 부분으로 수사의 어순을 들 수 있다. 한국어에서 수사의 어순은 명사, 수사, 분류사의 어순과 분류사의 유무에 따라 다음과 같이 네 가지 유형으로 구성된다. 이에 비해 터키어의 수사는 두 가지 유형으로만 구성된다. 한국어와 터키어 수사의 어순 대조표는 다음 표와 같다.

한국어 수사구의 어순	예 시	터키어 수사구의 어순	예 시
수사-명사	두 책	수사-명사	iki kitap(두 책)
수사-분류사+의-명사	두 권(의) 책	수사-분류사-명사	iki cilt kitap(두 권 책)
명사 수사	책 둘		
명사 수사 분류사	책 두 권		

또 수량 표지 형식 명사가 한국어에서 다양하기 때문에 터키 학습자들이 사용할 때 혼동을 일으킨다. 터키 학습자들은 한국어 문장의 만들 때 부사의 어순이나 보조용언의 어순을 많이 어려워하는 편이다.

3.2. 시제

한국어에서는 시제가 선어말어미로 나타나지만 터키어의 시제 어미는 선어말어미가 아니라 종결어미로 나타난다. 따라서 터키어는 한국어의 선어말어미와 같은 어미가 존재하지 않는다.

〈예1〉 ㄱ. 우리 동생은 사과를 다 먹-**었**-다.
Kardeşim bütün elmaları ye-**di**.
ㄴ. 내일 동생이 **올 것**이다.
Yarın kardeşim gel-**ecek**.

위의 예문에서도 볼 수 있듯이 터키어에는 선어말어미가 존재하지 않는다. 시제 어미가 있지만 분류형이 따르다. 시제에서 현재 시제와 과거 시제에서는 큰 차이가 없지만 미래 시제에서는 보다 많은 차이를 알 수 있다.

한국어에는 완료형, 진행형, 예정형의 문형이 터키어보다 많기 때문에 학생들이 잘 이해하지 못하고 또한 제대로 사용하지도 못한다. 학생들이 한국어의 다양한 시제 표현에 익숙하지 못하고, 사용을 꺼리는 것이다. 여기서는 진행형 그리고 예정형을 다루지 않기로 하고 현재 시제, 과거 시제, 미래 시제를 다루기로 한다.

1) 현재 시제

한국어 현재 시제는 -는 , -Ø으로 이루어지고 터키어 현재 시제는 - iyor , -ir , -Ø 으로 이루어진다.

〈예2〉 ㄱ. 학생들이 지금 책을 읽-**는**-다.

Öğreciler şimdi kitap oku-**yor.**

ㄴ. 선생님은 요즘 매우 바쁘시다.

Öğretmen bu günlerde çok meşgul.

ㄷ. 저 학생은 우리 반 대표이다.

Şu öğrenci sınıf temsilcimiz.

2) 과거 시제

한국어 과거 시제는 ' - 었-'과 완료형은 ' - 었었-'으로 터키어 과거 시제는 ' - DI-'와 완료형은 '-mIştI'로 실현된다. 터키 학습자들이 과거 시제에 대한 겹문장에서 어려움을 겪는데 특히 전(前)과 후(後)와 관련된 시제는 터키인에게 많이 어려운 편이다.

〈예3〉 ㄱ. 나는 어제 친구에게 편지 **썼**다.

(Ben) dün arkadaşıma mektup yaz-**dı**-m.

ㄴ. 나는 젊었을 때 매일 운동 **했었**-다.

(Ben) gençken hergün spor yap-**mıştı**-m.

3) 미래 시제

한국어에서는 습관, 의지와 가능을 나타내는 ' - 겠-'은 미래 시제에도 쓰인다. 그리고 '-(으)ㄹ' 것이 있다. 한국어에서 미래는 ' - 겠-' 또는 '-(으)ㄹ' 것으로 나타낸다. '-겠-은' 화자의 강한 의지가 들어간 표현이고 '-(으)ㄹ' 것은 단순한 미래, 또는 '-겠-'보다는 약한 의지를 나타낸다(임호빈, 1997: 137). 터키어 미래 시제 어미는 '-EcEk-'뿐이다.

〈예4〉 ㄱ. 나는 지금 숙제를 하-**겠**-다.

(Ben) Şimdi ödev yap-a**cağ**-ım.(미래 시제)

ㄴ. 그 문제는 나도 풀-**겠**-다.

O soruyu ben de çöz-er-im.(현재 초월 시제)

ㄷ. 내가 아버지한테 전화-**할게**.

Babamı ben ar-a**r**-ım.(현재 초월 시제)

〈4ㄴ〉에서처럼 가능성의 의미가 결부되어 있는 경우는 터키어에서 현재 시제가 사용된다. 〈4ㄷ〉에서도 같은 현상이 나타난다. 터키 학생들이 '-겠-'과 '-(으)ㄹ' 것의 차이를 잘 구분하지 못한다.

3.3. 문장 종결법

터키어의 문장 종결법은 동사어근이나 어간에 붙고 명령, 조건, 희망, 단위 등의 의미를 나타내는 문장 종결어미들로 이루어진다. 이것들은 동사 어근이나 어간에 붙으며 시간을 표현하지는 않는다. 단지 비현실적, 주관적 표현이나 주체의 행동이 화자의 의지에 따라 실현됨을 표현한다. 한국어의 문장 종결법은 터키어의 그것보다 복잡하고 다양하다.

한국어의 문장 종결법을 다음과 같이 다루기로 한다.

1) 평서문

한국어 평서 어미 : -다, -네, -ㄹ세, -습니다

터키어 평서 어미 : 없음

〈예1〉 ㄱ. 터키는 사계절이 뚜렷하다.

Türkiye'de dört mevsim belirgindir(Ø).

ㄴ. 철수는 역사책을 읽네.

Çolsu tarih kitabı okuyor(Ø).

터키어에는 평서문에 사용되는 종결어미는 따로 존재하지 않는다. 터키어의 문장은 인칭어미로 끝나고 그 앞에 시제어미가 오는 것이 대부분이다. 한국어 종결어미 '-지(요)'는 화자의 강한 의사를 표현하거나 어떤 사실을 화자와 청자가 모두 알고 있음을 나타낼 때 사용된다. 터키어의 경우에는 다음 〈예1ㄱ〉에서처럼 의문문에서 부정사 'değil'이 사용되지만 평서문에는 '지' 같은 어미가 존재하지 않는다.

〈예2〉 ㄱ. 이 버스는 광주로 가**지**요?

Bu otobüs Goangcu'ya gidiyor değil mi?

ㄴ. 늦었는데 빨리 가**지**요.

Geç kaldık çabuk gidelim(Ø).

2) 의문문

한국어 의문 어미 : -으냐, -니, -나, -은가, -을까, -습니까

터키어 의문 어미 : -m?

아래의 〈예3〉에서 볼 수 있듯이 터키어 의문 어미 '-m?'는 경우에 따라 서술어 뒤에 오기도 하고 앞에 오기도 한다. 주어를 강조할 때는 의문 어미가 서술어 앞에 온다. 〈예4ㄱ〉에서처럼 주어가 1인칭 단수이면, 행동에 대한 청자의 의사를 묻는 형식이 된다. 그리고 〈4ㄴ〉에서처럼 주어가 1인칭 복수이면, 화자의 의도에 대한 청자의 허락을 구하는 형식이 된다. 그러나 터키어에는 〈4ㄱ〉과 〈4ㄴ〉의 경우 어미가 다르다.

〈예3〉 ㄱ. 아침 식사했니?

Kahvaltı yaptın mı?

ㄴ. 이 사진을 선생님이 찍으셨습니까?

Bu resmi siz mi çektiniz?

〈예4〉 ㄱ. 내가 그 학생을 도와줄까?

O öğrenciye yardım edeyim mi?

ㄴ. 같이 차 한 잔 할까요?

Beraber çay içelim mi?

3) 명령문

한국어 명령 어미 : -어라, -으라, -게, -으십시오

터키어 명령 어미 : 2인칭 단수 -Ø, 3인칭 단수 sIn
2인칭 복수 ?n, 3인칭 복수 sInlEr

〈예5〉 ㄱ. 이 책을 꼭 읽으십시오.
Bu kitabı mutlaka okuyunuz.
ㄴ. 내일까지 숙제를 다 해 와라.
Yarına kadar ödevin hepsini yap(Ø).

4) 청유문

한국어 청유 어미 : -자, -세, -읍시다

터키어 청유 어미 : -(y)E

〈예6〉 ㄱ. 청소를 같이 하자.
Temizliği beraber yapalım.
ㄴ. 내일 기숙사 앞에서 만납시다.
Yarın yurdun önünde görüşelim.

5) 감탄문

한국어 감탄 어미 : -구나, 구만,

터키어 감탄 표기 : ha, ya

〈예7〉 ㄱ. 어제 아무도 안 왔구나!

Dün kimse gelmedi ha!

ㄴ. 오늘 날씨가 참 좋구만!

Bugün hava gerçekten güzel (ya)!

3.4. 부정법

한국어에서 부정법을 실현하는 가장 전형적인 방법으로, 첫째, 부정부사 '아니', '못'을 동사, 형용사, 지정사 앞에 통합하거나, 둘째 내포어미 '-지'에 의한 내포문을 상위문 동사 '아니하다', '못하다', '말다'에 내포하여 실현하는 것이 있다. 한국어의 '안' 부정은 터키어에서 부정 어미 '-mE'로 실현되고 '못' 부정은 '-EmE'로 실현된다. 〈예1〉에서 볼 수 있듯이 터키어에서 부정 어미가 자리를 바꿀 수는 없다. 터키어에서 부정법을 실현하는 방법은, 동사를 부정한 경우 부정 어미 '-mE'를 동사의 어간과 시제어미 사이에 넣는 것이고, 〈예2〉와 같은 경우인 명사, 형용사, 대명사, 부사를 부정하는 경우 부정사 'değil'를 사용하는 것이다. 또한 단순 부정문의 경우, 명령문이나 청유문으로 종결되면 '아니하다' 대신에 '말다'가 쓰인다(권재일, 2003: 289). 그러나 터키어에는 이러한 차이는 없고 〈예3〉과 같이 모든 문장에 같은 부정 어미 '-mE'가 쓰인다.

〈**예1**〉 ㄱ. 철수는 밥을 안 먹었다.(먹지 않았다.)

çolsu yemeği ye-**me**-di.

ㄴ. 철수는 밥을 못 먹었다.(먹지 못했다.)

çolsu yemeği yi-y**eme**-di.

〈**예2**〉 ㄱ. 나는 군인이 아니다. Asker **değil**-im.

ㄴ. 좋지 않다. iyi **değil.**

ㄷ. 그가 아니다. O değil.

〈**예3**〉 산과 바다를 오염시키지 맙시다.

Dağları ve denizleri kirlet-**me**-yelim.

3.5. 겹문장 구성

1) 안은 문장과 안긴 문장

다른 문장 속에 들어가 하나의 성분처럼 쓰이는 홑문장을 안긴 문장이라고 하며, 이 홑문장을 안은 문장이라고 한다. 안긴 문장을 '절'이라고 하는데 이는 크게 명사절, 관형절, 부사절, 서술절, 인용절로 나누어진다(문법, 2003: 162).

㉮ 명사절을 안은 문장

명사절은 한 문장의 서술어가 명사형어미 -음과 -기 또는 의존명사 -것을 취하여 형성된다.(주어, 목적어, 보어, 부사어 등) 명사절을 안은 문장은 '-(으)ㅁ', '-기', '-은 것', '-는 것', '-던 것', '-을 것' 등의 명사절 표지로 끝난 문장이다. 터키어에서 명사절은 명사형어미 '-mEK', '-mE'나 '(y)i'?로 이루어진다(연규석, 2003: 198).

〈예1〉 ㄱ. 웃음이 행복을 가져온다.

Gül**mek** mutluluk getirir.

ㄴ. 우리 집에서 학교에 가**기** 쉽다.

Bizim evden okula git**mek** kolay.

㉯ 관형절을 안은 문장

한국어에서 관형절 표지는 관형사형 어미 '-은', '-는', '-던', '-을'의 4 가지다. 이들은 모두 시제에 의해 결정된다. 관형사형 전성 어미 '-은', '-는', '-던', '-을'의 경우 터키어에는 미래 시제 외에 과거와 현재 시제가 동일하게 나타난다. 〈예1〉과 〈예2〉에서 볼 수 있듯이 터키어에는 과거 시제와 현재 시제의 관형사형 어미는 같다. 그렇기 때문에 학생들이 한국어로 이러한 문장을 만들 때 혼동을 겪는다. 터키어에서는 명사가 주어냐 비주어냐에 따라 관형사형 어미의 선택이 달라진다. 즉, 주어일 경우에는 '-En', 비주어일 경우에는 '-Dığı'로 실현된다.

또한 한국어의 경우 관형사형 전성 어미에는 동사?형용사에 따른 구분이 있다. 하지만 터키어에는 형용사가 활용되지 않아 그 대신 'olmak(되다)'라는 보조 동사로 같이 쓰이기도 하다. 따라서 관형사형 전성 어미는 〈예4〉처럼 '되다(ol-)'의 뒤에 붙는다.

〈예2〉 ㄱ. 내가 먹**은** 사과. Ye**di**ğim elma.

ㄴ. 내가 먹**는** 사과. Ye**di**ğim elma.

ㄷ. 내가 먹**던** 사과. Ye**di**ğim elma.

ㄹ. 내가 먹**을** 사과. Yi**yece**ğim elma.

〈예3〉 ㄱ. 가**는** 사람. Gid**en** adam. (gidiyor olan adam)

ㄴ. **간** 사람. Gid**en** adam.

ㄷ. 가**던** 사람. Gid**en** adam.

ㄹ. **갈** 사람. Gid**ecek** adam.

〈예4〉 ㄱ. 예쁜 여자. güzel (olan) kız.

ㄴ. 예쁘던 여자. güzel (olan) kız.

ㄷ. ***예쁠** 여자. güzel olacak kız.

㉰ 부사절을 안은 문장

한국어에는 용언간에 결합된 부사 파생 접미사 '-이'가 부사절 표지이다. 터키어에는 아래의 예문에서도 볼 수 있듯이 부사절로 안김이 접미사 '-cE'와 'şekilde'라는 부사로 이루어진다.

〈예5〉 ㄱ. 나도 똑같**이** 생각한다.

Ben de aynı ş**ekilde** düşünüyorum.

ㄴ. 그 사람이 말도 없이 떠나버렸다.

O adam sessiz bir ş**ekilde** (sessiz**ce**) ayrıldı.

㉱ 서술절을 안은 문장

서술절로 안긴 문장은 한 문장에 주어가 두 개 있는 문장이다. 그 중에서 하나는 겹문장이고, 다른 하나는 겹문장에 서술어로 안긴 서술절의 주어이다. 터키어에는 한 문장에 두 개의 주어가 있는 경우는 없다. 〈예6ㄱ〉에서는 터키어에 경우 '-nun' 관형격 조사가 사용되고, 〈예6ㄴ〉에서는 '가을'이 주어 대신 목적어로 나타난다.

〈예6〉 ㄱ. 철수는 키가 크다. Çolsu'nun boyu uzun.

ㄴ. 나는 가을이 좋다. Ben sonbaharı seviyorum.

㉮ 인용절을 안은 문장

한국어에는 한 문장을 인용절로 바꿀 때에는 문장에 조사 '-고'와 라고를 결합시킨다. 대체로 '-고'는 간접 인용절에, '-라고'는 직접 인용절에 결합한다. 터키어에는 이러한 조사가 사용되지 않는 경우가 많지만 직접 인용절에는 'diye'라는 부사가 사용된다. 아래의 〈예7ㄴ〉의 '-라고'는 직접 인용의 조사이고, 〈예7ㄷ〉의 '-고'는 간접 인용의 조사이다.

〈예7〉 ㄱ. 나는 사랑한**다고** 말했다.

Ben seni seviyorum (diye) dedim.

ㄴ. 동생은 "이건 내 책이야"라고 소리 쳤다.

Kardeşim "Bu benim kitabım" diye bağırdı.

ㄷ. 아버지께서 이리 오라고 하셨다.

Babam buraya gel (diye) dedi.

2) 이어진 문장

이어진 문장은 연결어미 '-고', '-며', '-나' 등에 의해서 이루어진다. 두 절 사이에 관계는 대등적인 것과 종속적인 것으로 나뉜다. 아래의 〈예8〉에서 볼 수 있듯이 한국어 '-고'와 '-아/어서'가 터키어에서는 '-ıp'으로 표현된다. 또한 터키어의 연결어미 '-ıp'은 동사에만 활용할 수 있고 〈예8ㄷ〉에서처럼 명사나 형용사 뒤에는 활용하지 않는다.

〈예8〉 ㄱ. 서점에 가**서** 소설책을 샀다.

Kitapçıya gid**ip** roman aldım.

ㄴ. 식사하**고** 숙제를 했다.

Yemek yey**ip** ödev yaptım.

ㄷ. 산에는 크고 작은 나무가 많아요.

Dağda büyükØ, küçük ağaç çok.

㉮ 대등하게 이어진 문장

대등하게 이어진 문장은 앞 절과 뒷 절이 의미상 독립적이고 나열의 의미를 갖는다. 아래 〈예9ㄱ〉에서처럼 한 문장에 주어가 두 개 있을 경우 터키어에서는 어미가 사용되지 않거나 've'란 접속사가 사용된다. 또한 '-(으)나', '-지만'과 같은 어미 대신 터키어에는 같은 접속사가 사용된다. 이 현상을 〈예10〉에서 볼 수 있다.

〈예9〉 ㄱ. 철수는 집에 가**고** 나는 여기에 왔다.

Çolsu eve gitti (ve) ben buraya geldim.

ㄴ. 문을 잘 잠그**고** 나왔다.

Kapıyı iyi kilitley**ip** çıktım.

〈예10〉 ㄱ. 그는 집에 갔**지만** 가방이 여기 있다.

O eve gitti **ama** çantası burada.

ㄴ. 비가 오**나** 바람은 불지 않아요.

Yağmur yağıyor **ama** rüzgar esmiyor.

㉯ 종속적으로 이어진 문장

앞 절과 뒤 절의 의미가 독립적이지 못하고 종속적인 관계에 있는 문장을 종속적으로 이어진 문장이라고 한다. 종속적으로 이어진 문장은 종속절+주절 식으로 '-(으)면', '-(으)니(까)', '-는데', '-(아/어/여)서' 등의 연결어미와 이루어진다. 아래의 〈12ㄱ〉와 〈12ㄴ〉에서 한국어 문장에서 같은 연결어미 -면이 사용되지만 터키어에서는 두 개의 다른 연결어미가 사용된다.

〈예11〉 나는 집에 가서 청소를 했다.

(Ben) eve gidip temizlik yaptım.

〈예12〉 ㄱ. 봄이 오**면** 꽃이 핀다.

Bahar gel**ince** çiçekler açar.

ㄴ. 그 사람이 오**면** 이 편지를 전해 줘.

O adam gel**irse** bu mektubu ilet.(조건)

터키어의 경우에는 대등적으로 이어진 문장의 '-고'와 종속적으로 이어진 문장의 '-아/어/여서'의 구분이 없다. 터키 학생들이 이어진 문장의 이러한 현상들 때문에 어려움을 느낀다.

4. 맺음말

이 글에서는 먼저 터키에서 이루어지고 있는 한국어 교육을 간략하게 소개하고 터키어와 한국어의 어순, 시제, 문장 종결법, 부정문, 겹문장 구성을 대조 분석 하였는데 이는 터키인을 위한 한국어 문법 교육을 위한 방법을 모색해 보고자 함에 있다.

이처럼 대조 분석 결과를 활용하여 한국어를 배우는 터키인 학습자들이 범하는 오류를 제대로 해석하고 평가하는데 도움이 될 것이다. 또한 이를 바탕으로 무엇보다 시급한 과제인 터키인을 위한 보다 나은 한국어 문법 교재가 만들어 질 수 있을 것이다.

S. Goksel Turkozu (sky21c@live.co.kr) *is a professor in the Department of Korean Language and Literature at Erciyes* University, Turkey.

외국어로서의 한국어 교육을 위한 한국어학

시간적 선후 관계를 나타내는 한국어 연결어미
'-아서/어서'와 '-고'의 차이에 대하여 | 박동호

시간적 선후 관계를 나타내는 한국어 연결어미 '-아서/어서'와 '-고'의 차이에 대하여[01]

—

박동호(경희대학교)

1. 서론[02]

외국어교육에서 중요한 것 중의 하나는 목표어(target language)를 가르치는 교사나 배우는 학습자들에게 목표어의 언어사용을 이해할 수 있는 방식으로 설명해야 한다는 것이다. 그런데 대개 예외 없이 한 언어의 언어사용은 매우 다양하고 불규칙적이어서 단순한 규칙이나 원리로 설명할 수 없다.

예를 들어, 영어를 외국어로 배우는 학습자는 영어의 부정관사와 정관사의 사용을 설명하는 몇 가지 규칙을 학습하지만 그것만으로는 도저히 설명할 수 없는 영어 관사의 사용을 경험하게 되며 따라서 영어 관사의 사용에 많은 어려움을 겪는다. 이는 영어의 관사 사용을 설명하는 규칙들이 완전하지 않아서 일부의 사용만을 설명할 수 있을 뿐이지 모든 사용을 설명할 수 없기 때문이다.

---

01 본고는 2012년에 열렸던 계명대학교 한국학연구원의 제6회 국제학술대회에서 발표되었던 원고를 수정, 보완한 것임.

02 이 부분은 박동호(2012a)를 수정, 보완하여 작성되었음.

동일한 현상이 외국인 학습자의 한국어 학습 현장에서도 흔히 발생한다. 외국인 학습자의 한국어 주어 위치에 사용되는 조사 '이/가'와 '은/는'의 차이를 묻는 질문에 대해 흔히 전자는 일반적으로 주어를 나타낼 때, 후자는 주어를 강조할 때 사용한다는 답변이 이루어진다. 그러나 이와 같은 설명은 초급 한국어 교재에서 가장 먼저 등장하는 다음의 문장에서부터 외국인 학습자를 혼란에 빠뜨린다.

(1) 안녕하세요. 저는 윌슨입니다.

(1)의 문장에 대해 외국인 학습자들이 주로 제기하는 질문은 " '저'가 주어인데 왜 그 뒤에 '이/가'가 아닌 '은/는'을 써요?"이다. 이 질문에 대해 한국어 교사들은 매우 당황하게 되는데 여기에서 '은/는'을 쓴 이유는 다른 사람과 대조해서 '저'를 부각시키기 위해서라고 답변한다. 이와 같은 설명을 할 때 한국어를 가르치는 교사의 머릿속에 떠오르는 또 하나의 문장이 있다.

(2) 안녕하세요. 제가 윌슨입니다.

(2)에는 '이/가'가 사용되었는데 그렇다면 (2)의 '제가'는 부각되지 않는 중립적인 의미를 가져야 하나 한국인 화자의 직관은 그렇지 않다. (2)의 문장은 '여러분들은 제가 그렇게 보고 싶으셨어요? 여러분들이 그렇게 보고 싶어 하던 제가 바로 윌슨입니다.'의 의미를 갖는다. 즉, 주어가 '이/가'의 사용을 통해 특별한 의미를 갖게 된다

는 느낌이 든다. 따라서 교사는 학습자에게 한 설명이 잘못되었다는 생각이 들며 혼란에 빠지게 된다.

그렇다면 주어 자리에 사용되는 '이/가'와 '은/는'의 차이에 대해 한국어교육적 관점에서는 외국인 학습자들에게 어떠한 설명을 할 수 있을까? 본고에서 제안하고자 하는 것은 이들의 다양한 사용을 낱낱이 관찰한 후 규칙으로 설명할 수 있는 용례들은 규칙으로, 그렇지 못한 것은 귀납적으로 분류, 정리하여 설명하자는 것이다.

주어 자리에 사용되는 조사 '이/가'와 '은/는'의 모든 사용 양상을 몇 개의 명시적 규칙으로 설명하는 것은 불가능하다. 매우 복잡하고 간혹 비논리적이기도 한 언어현상을 몇 개의 연역적 규칙만으로는 설명할 수 없다는 것이 본고의 생각이다. 특정 문법항목의 모든 사용 양상을 설명할 수 있는 몇 개의 규칙을 발견하려는 것보다는(이와 같은 시도는 흔히 실패로 끝나는데) 이들의 다양한 사용 양상을 낱낱이 관찰한 후 해결할 수 있는 현상들부터 차근차근 정리하고 설명하는 것이 중요하다.

다음 예문을 살펴보도록 하자.

(3) 가. 그곳에 한 남자<u>가</u> 살고 있었는데 그런데 그 남자<u>는</u> 집에서 거의 나오지 않았다.

나. 내<u>가</u> 공부하고 싶은 것은 대조언어학이다.

(3가)는 어떤 대상을 처음 도입할 때에는 '이/가'를 쓰고 다시 이를 받을 때는 '은/는'을 사용함을 보여주는 예이다. 여기에는 문장 차

원이 아니라 담화 차원의 문법이 관여한다. (3나)는 한국어 관형사절 내의 주어 자리에는 항상 '이/가'를 써야지 '은/는'을 쓰는 것은 불가능함을 보여주는 예이다. (3가)와 (3나)의 용례는 주어 자리에 사용되는 '이/가'와 '은/는'의 여러 용례 중 예외 없는 규칙으로 설명할 수 있는 유형의 것들이다. 즉, 이와 같이 명시적 규칙으로 설명할 수 있는 용례는 규칙으로 설명하고 설명할 수 없는 것들은 규칙이 발견될 때까지(이 규칙들은 발견될 수 없을 수도 있다). 분류, 정리하여 설명하자는 것이 본고의 제안이다.

본고의 목적은 한국어 연결어미 중에서 시간적 선후 관계를 나타내는 '-아서/어서'와 '-고'의 차이를 밝히는 것이다.

2. '-아서/어서'와 '-고'의 차이에 대한 기존의 분석

기존의 문법서들은 시간적 선후 관계를 나타내는 연결어미 '-아서/어서'와 '-고'의 차이를 다음과 같이 기술하고 있다.

국립국어원(2005a: 124-128)에서는 '-아서/어서'와 '-고'의 차이점을 다음 세 가지로 정리하고 있다. 첫째, 선행절과 후행절의 상관성의 정도에 있어 '-아서/어서'가 '-고'보다 높다. 둘째, 선행절의 구성 요소가 후행절에 다시 반복하여 사용될 수 있는 것은 '-아서/어서'이며 그렇지 않은 것은 '-고'이다. 셋째, '-고'는 완료된 상황에서 '-아서/어서'는 지속된 상황에서 사용된다.

국립국어원(2005b: 530)에서는 '-아서/어서'는 주로 앞의 행위와 뒤의 행위가 밀접한 관계를 가질 때, '-고'는 앞의 행위와 뒤의 행위가 연관성 없이 선후 관계만을 나타낼 때 주로 쓰인다고 설명하고 있다.

한편, 허용 외(2005)는 '-고'는 앞의 행위가 완전히 끝이 난 다음 그 다음 행위가 이루어질 때 쓰는 반면, '-아서/어서'는 앞의 행위가 이루어진 다음 그 행위의 결과가 그 다음 행위가 이루어지는 동안에도 계속 지속될 때 쓴다고 하면서 이를 '직접관련성' 혹은 '계기(繼起)상관성'이라고 하였다. 즉, 두 행위가 서로 관련을 맺을 경우에는 '-아서/어서'를 사용하고, 그렇지 않을 경우에는 '-고'를 사용한다는 것이다. 또한 일반적으로 목적어를 갖는 타동사 다음에는 '-고'를 사용하고, 목적어를 갖지 못하는 자동사 다음에는 '-아/-어서'를 쓴다고 하였는데 단, 앞뒤 문장의 동사가 동일한 목적어를 취할 때는 '-아서/어서'를 쓴다고 지적했다.

표현이야 어찌되었든 전술한 연구들에서 언급하고 있는 '-아서/어서'와 '-고'의 차이를 요약하면 다음과 같다.

첫째, '-아서/어서'는 '-고'에 비해 앞뒤 행위가 보다 밀접하게 관련이 있을 때 사용한다. 이는 '상관성(연관성)', '직접관련성(계기상관성)', '상황의 차이(지속된/완료된 상황)' 등으로 표현된다.

둘째, 목적어를 갖는 타동사 다음에는 '-고'를 사용하고, 목적어를 갖지 못하는 자동사 다음에는 '-아서/-어서'를 사용하는데 단, 목적어를 포함하여 앞뒤 문장의 동사가 동일한 구성 요소를 취할 때는 '-아서/어서'를 쓴다.

그러나 주지하다시피 이와 같은 설명에 반하는 많은 예들이 존재한다. 다음 장에서는 '-아서/어서'와 '-고'의 차이에 대해 재분석을 시도해 보겠다.

3. '-아서/어서'와 '고'의 차이에 대한 재분석

우선 '상관성', '직접관련성', '상황의 차이(지속된/완료된 상황)' 등으로 '-아서/어서'와 '-고'의 차이를 설명하는 분석에 대해서 살펴보도록 하자. 이 분석의 가장 큰 문제점은 이 개념들이 매우 모호하다는 것이다. 다음 예들을 살펴보도록 하자.

(4) 가. 저는 어제 학교에 (가서 + *가고) 공부했어요.
  나. 저는 어제 친구와 (만나서 + *만나고) 학교에 갔어요.

(4가)의 '학교에 간 행위'와 '공부한 행위' 사이에는 상관성이 존재한다고 할 수 있다. 즉, 사람들은 대부분 공부하려면 학교에 가야 한다고 생각한다. 따라서 (4가)에서 '-아서/어서'의 사용은 가능하지만 '-고'의 사용은 불가능하다고 할 수 있다. (4가)에서 '-아서/어서'의 사용은 가능하고 '-고'의 사용이 불가능한 이유는 국립국어원(2005a)에 의하면 선행절이 지속된 상황이기 때문이라고 할 수 있는데 이에는 보다 자세한 설명이 필요하다. 왜냐하면 '학교에 간 행위'가 지속되는 것이 아니기 때문이다. 오히려 '학교에 간 행위'의 결과가 그 다음 행위 중에도 지속된다고 할 수 있는데 이러한 관점에서는 직접관련성의 개념을 도입한 허용 외(2005)의 설명이 보다 설득력이 있다. 허용 외(2005)에 따르면 앞의 행위의 결과가 그 다음 행위 중에 지속될 때 직접관련성이 존재한다고 할 수 있다. (4가)의 앞뒤 행위 사이에 직접관련성이 존재한다는 것은 (4가)를 환언한 (4가')가 가능함에서도 확인할 수 있다.

(4가') 저는 어제 학교에 가서 (학교에서 + 거기에서) 공부했어요.

(4가')에서는 선행절에 등장하는 '학교'라는 동일한 장소를 후행절에 반복해서 사용하였다. 이는 선행절과 후행절 사이에 직접관련성이 존재한다는 것을 의미한다.

(4나)에서는 '친구와 만난 행위'와 '학교에 간 행위' 사이에 상관성이 있다고 할 수 없다. 즉, 사람들은 대부분 학교에 가려면 친구와 만나야 한다고 생각하지 않는다. 그럼에도 불구하고 '-아서/어서'의

사용은 가능하고 '-고'의 사용은 불가능하다. 따라서 상관성으로 '-아서/어서'와 '-고'의 사용 차이를 설명하는 데에는 많은 어려움이 따른다. (4나)에서 '-아서/어서'의 사용은 가능하고 '-고'의 사용은 불가능한 이유는 (4나) 문장을 발화하는 화자가 '친구와 만난 행위'와 '학교에 간 행위' 사이에 상관성이 있다고, 즉 학교에 가려면 친구와 만나야 한다고 주관적으로 생각하기 때문이다. 본고에서는 이를 '화용적 상관성(pragmatic relevance)'이라 부른다.

한편, 앞의 행위의 결과가 그 다음 행위 중에 지속될 경우에는 '-아서/어서'를 쓴다는 직접관련성으로는 (4나)의 문장도 설명할 수 있다. 즉, (4나)에서는 '친구와 만난 행위'의 결과가 '학교에 가는 행위' 중에 지속된다고 할 수 있다. 이는 (4나)에 대해 (4나')가 대응하는 것으로 확인할 수 있다.

(4나') 저는 어제 친구와 만나서 (그 친구와 함께 + 그와 함께) 학교에 갔어요.

한편, 직접관련성으로도 설명할 수 없는 예들이 존재한다.

(5) 철수는 밥을 (*먹어서 + 먹고) 학교에 갔다.

(5)에서는 '밥을 먹은 행위'의 결과가 '학교에 가는 행위' 중에 지속된다고 할 수 있다. 그럼에도 불구하고 '-아서/어서'는 쓸 수 없고 '-고'만이 가능하다. 따라서 직접관련성으로는 이 문장을 설명할 수

없으며 다른 설명이 필요하다.

이제까지의 관찰과 분석을 바탕으로 본 연구에서 제안하고자 하는 '-아서/어서'와 '-고'의 사용상의 차이는 다음과 같다. '-아서/어서'는 앞의 행위의 결과가 그 다음 행위 중에 지속되며 앞뒤 행위가 화용적으로 관련을 맺을 때 사용한다. 반면, '-고'는 앞의 행위의 결과가 그 다음 행위 중에 지속되는 것과 상관없이 앞뒤 행위가 화용적으로 관련을 맺지 않을 때 사용한다. 여기서 화용적으로 관련을 맺는다는 것은 문장을 발화하는 화자가 뒤의 행위가 이루어지기 위해서는 앞의 행위가 필요하다고 생각하는 것이다.

전술한 예들을 다시 살펴보도록 하자.

(4) 가. 저는 어제 학교에 (가서 + *가고) 공부했어요.
나. 저는 어제 친구와 (만나서 + *만나고) 학교에 갔어요.

(5) 철수는 밥을 (*먹어서 + 먹고) 학교에 갔다.

본고의 제안에 근거하여 (4)에서는 '-고'가 아닌 '-아서/어서', (5)에서는 '-아서/어서'가 아닌 '-고'가 사용 가능한 이유를 설명해 보도록 하자.

(4가)에서는 '학교에 갔고 그 학교에서 공부했기' 때문에 '학교에 간 행위'의 결과가 '공부하는 행위' 중에 지속된다고 할 수 있으며 이 문장을 발화하는 화자는 공부하기 위해서는 학교에 가야 한다고 생각한다. 즉, 앞뒤 행위 사이에는 화용적 상관성이 존재한다. 따라서 '-고'가 아닌 '-아서/어서'가 사용된다. (4나)에서도 '친구와 만났고

그 친구와 함께 학교에 갔기' 때문에 '친구와 만난 행위'의 결과가 '학교에 가는 행위' 중에 지속된다고 할 수 있으며 이 문장을 발화하는 화자는 학교에 가기 위해서는 친구와 만나야 한다고 생각한다. 즉, 앞뒤 행위 사이에는 화용적 상관성이 존재한다. 따라서 '-고'의 사용은 불가능하고 '-아서/어서'가 사용되는 것이다.

(5)에서도 '밥을 먹은 행위'의 결과가 '학교에 가는 행위' 중에 지속된다고 할 수 있다. 그러나 이 문장을 발화하는 화자는 학교에 가기 위해서는 밥을 먹어야 한다고 생각하지 않는다. 즉, 앞뒤 행위 사이에 화용적 상관성이 존재하지 않는다. 따라서 '-아서/어서'가 아닌 '-고'가 사용되는 것이다.

(4나)와 관련하여 다음 예문들을 살펴보도록 하자.

(6) 저는 어제 친구를 (*??만나서[03] + 만나고) 학교에 갔어요.

(6)은 (4나)의 '친구와'를 '친구를'로 바꾼 문장이다. 이 경우에는 '-아서/어서'가 아닌 '-고'가 더 자연스럽게 느껴진다. 그 이유는 '친구를'을 사용하면 '친구와'가 갖고 있던 동반의 의미가 사라져 '친구를 만났고 친구를 만난 행위와는 별도로 친구를 동반하지 않고 학교에 갔다'는 의미를 갖게 된다. 즉, '친구를 만난 행위'의 결과가 '학교에 가는 행위' 중에 지속된다고 할 수 없다. 한편, 이 문장을 발화하는 화자는 학교에 가기 위해서 친구를 만나야 한다고 생각하지 않는다.

---

03 '-아서/어서'의 사용이 가능한 경우가 있는데 이 경우에는 '-아서/어서'가 원인의 용법으로 사용된 것이다. 이때 (6)은 다음과 같이 환언된다.

저는 어제 친구를 만났기 때문에 학교에 갔어요.

즉, (6)의 앞뒤 행위 사이에는 화용적 상관성이 존재하지 않는다. 따라서 '-아서/어서'가 아닌 '-고'가 사용된 것이다.

한편, 기존의 연구들은 '-아서/어서'와 '-고'의 차이에 대해 목적어를 갖는 타동사 다음에는 '-고'를 사용하고, 목적어를 갖지 못하는 자동사 다음에는 '-아서/-어서'를 사용하는데 단, 목적어를 포함하여 앞뒤 문장의 동사가 동일한 구성 요소를 취할 때는 '-아/어서'를 쓴다고 기술하고 있다. 지금부터는 이 기술의 적절성에 대해 검토해 보려고 한다. 다음 예들을 살펴보도록 하자.

(7) 가. 철수는 일찍 (일어나서 + *일어나고) 학교에 갔다.
 나. 영희는 밥을 (*먹어서 + 먹고) 학교에 갔다.

(7가)는 선행절이 자동사문인 경우로 여기에서는 '-아서/어서'는 사용이 가능하지만 '-고'의 사용은 불가능하다. 한편, (7나)는 선행절이 타동사문인 경우로 여기에서는 '-고'의 사용은 가능하지만 '-아서/어서'의 사용은 불가능하다.

한편. 선행절이 타동사문임에도 불구하고 '-고'가 아닌 '-아서/어서'가 사용되는 예들이 있다. 다음 예들을 살펴보도록 하자.

(8) 가. 여기에서 복사 카드를 (사서 + *사고) 쓰시면 돼요.
 나. 그들은 도매상에게서 물건을 (떼서 + *떼고) 팔았다.

(8)의 예들은 선행절이 타동사문이지만 '-아서/어서'의 사용은 가

능하고 '-고'의 사용은 불가능한 경우이다. 그런데 (8)은 목적어를 복원하여 다음의 (8')과 같이 환언할 수 있다.

(8') 가. 여기에서 복사 카드를 사서 그 복사 카드를 쓰시면 돼요.
나. 그들은 도매상에게서 물건을 떼서 그 물건을 (다시) 팔았다.

따라서 (8)은 앞뒤 문장의 동사가 동일한 구성 요소를 취할 때에는 '-고'가 아닌 '-아서/어서'가 사용된다는 설명이 잘 적용되는 예들이다. 그러나 이 설명이 적용되지 않는 예가 존재한다. 다음 문장을 살펴보도록 하자.

(9) 김치 만드는 방법을 (배워서 + *배우고) 김치를 만들었어요.

(9)의 선행절은 타동사문으로 목적어가 '김치를 만드는 방법'이며 (9)의 후행절 역시 타동사문으로 목적어가 '김치'이다. 즉, 선행절은 자동사문이 아닌 타동사문이며 선행절과 후행절 모두가 타동사문이지만 동일한 목적어를 갖지 않는다. 그럼에도 불구하고 (9)에서는 '-고'가 아닌 '-아서/어서'가 사용되었다. 따라서 (9)는 목적어를 갖는 타동사 다음에는 '-고'를 사용하고, 목적어를 갖지 못하는 자동사 다음에는 '-아서/-어서'를 사용하는데 단, 목적어를 포함하여 앞뒤 문장의 동사가 동일한 구성 요소를 취할 때는 '-아/어서'를 쓴다는 기술이 적용되지 않는 예이다.

한편, 전술한 본고의 제안에 근거하면 (9)에서 '-고'가 아닌 '-아서/어서'가 사용되는 것을 자연스럽게 설명할 수 있다. (9)에서는 우선 '김치 만드는 방법을 배운 행위'의 결과가 '김치를 만드는 행위' 중에 지속되고 있으며 이 문장을 발화하는 화자는 김치를 만들기 위해서는 김치 만드는 방법을 배우는 것이 필요하다고 생각한다. 즉, 앞뒤 문장 사이에는 화용적 상관성이 존재한다. 따라서 (9)에서 '-고'의 사용은 불가능하지만 '-아서/어서'의 사용은 가능한 것이다.

한편, '-아서/어서'와 '-고' 모두가 사용 가능한 경우가 있다.

(10) 가. 신청서에 이름을 (써서 + 쓰고) 오세요.
나. 맥주 캔을 (따서 + 따고) 맥주를 한 모금 마셨다.
다. 땅을 (파서 + 파고) 돈을 묻었다.
라. 철수는 시험에 (붙어서 + 붙고) 자신감을 얻었다.

(10)은 '-아서/어서'와 '-고' 모두가 사용 가능한 예들이다. (10가)-(10다)는 선행절이 타동사문이며 (10라)는 선행절이 자동사문이다. 그럼에도 불구하고 (10)에서는 '-아서/어서'와 '-고' 모두가 사용되었다. 이는 자·타동사 구분으로 '-아서/어서'와 '-고'의 사용 차이를 설명하는 데에는 문제가 있음을 다시 한번 보여준다.

(10가)의 '-아서/어서'와 '-고'가 사용된 두 문장 모두가 앞선 행위의 결과가 다음 행위 중에 지속된다는 점에서는 동일하다. 그러나 '-아서/어서'와 '-고'가 사용된 문장은 의미 차이가 있다. '-아서/어서'가 사용된 문장은 '신청서에 이름을 쓴 후에 그 신청서를 가지고 화

자가 있는 쪽으로 오라'는 의미를 갖는다. 이 경우, 이 문장을 발화하는 화자는 오기 위해서는 신청서에 이름을 써야 한다고 생각한다. 다시 말해, 선행절과 후행절 사이에 화용적 상관성이 존재한다. 반면 '-고'가 사용된 문장은 '신청서에 이름을 쓴 후에 그 신청서를 그곳에 두고 화자가 있는 쪽으로 오라'는 의미를 갖는다. 이 경우, 이 문장을 발화하는 화자는 오기 위해서는 신청서에 이름을 써야 한다고 생각하지 않는다. 다시 말해, 선행절과 후행절 사이에 화용적 상관성이 존재하지 않는다.

(10나)와 (10다)의 경우에도 '-아서/어서'와 '-고'가 사용된 두 문장 모두가 앞선 행위의 결과가 다음 행위 중에 지속된다는 점에서는 동일하다. 그러나 '-아서/어서'와 '-고'가 사용된 문장 사이에는 문장을 발화하는 화자의 관점에 있어 미묘한 차이가 있다. (10나)의 '-아서/어서'를 사용한 문장에서 화자는 '맥주 캔을 따는 행위'가 '맥주를 마시는 행위'와 밀접한 관련을 맺는다고 생각한다. 즉, 화자에게는 맥주를 마시기 위해서는 맥주 캔을 따는 행위가 반드시 필요한 것으로 간주된다. 즉, 선행절과 후행절 사이에 화용적 상관성이 존재한다. 반면, '-고'를 사용한 문장에서는 화자가 '맥주 캔을 따는 행위'가 '맥주를 마시는 행위'와 관련을 맺는다고 생각하지 않는다. 즉, '맥주 캔을 따는 행위'와 '맥주를 마시는 행위'가 별개의 독립된 행위로 간주되는 것이다. 즉, 선행절과 후행절 사이에는 화용적 상관성이 존재하지 않는다. (10다)의 경우도 마찬가지다. '-아서/어서'를 사용할 때에는 화자가 '땅을 파는 행위'가 '돈을 묻는 행위'와 밀접한 관련이 있다고 여기는 것이다. 즉, 땅을 파야만 돈을 묻을 수 있다고 생

각하는 것이다. 반면, '-고'를 사용할 때에는 '땅을 파는 행위'와 '돈을 묻는 행위'가 별개의 독립된 행위로 화자에게 간주된다. 즉, 화자의 입장에서는 꼭 돈을 묻기 위해서 땅을 파는 것이 아니다. 이 경우, 즉, 선행절과 후행절 사이에는 화용적 상관성이 존재하지 않는다.

(10라)의 경우에도 '-아서/어서'와 '-고'가 사용된 두 문장 모두가 앞선 행위의 결과가 다음 행위 중에 지속된다는 점에서는 동일하다. 그러나 '-아서/어서'를 사용한 문장에서는 화자가 '시험에 붙은 것'이 '자신감을 얻은 것'과 밀접한 관련이 있다고 생각한다. 반면, '-고'를 사용한 문장에서는 화자가 '시험에 붙은 것'과 '자신감을 얻은 것' 사이에는 관련이 없다고 여긴다. (10라)의 '-아서/어서'와 '-고'는 어떤 관점에서는 시간적 선후 관계라기보다는 결과에 대한 원인을 나타낸다고 할 수 있다. 그러나 광의의 의미에서 원인·결과 관계는 시간적 선후 관계에 포함된다고 할 수 있다. 일반적으로 '-아서/어서'의 용법을 구분할 때 시간적 선후 관계와 원인·결과의 용법을 동등한 지위를 갖는 별도의 용법으로 처리하는데 이는 재고할 필요가 있다. '-고'의 경우에는 '-아서/어서'와는 달리 (10라)와 같은 예문이 가능함에도 불구하고 일반적으로 원인·결과의 용법을 시간적 선후관계의 용법과 구분하지 않고 후자에 포함시키고 있다. 따라서 이에 대한 재논의 또한 필요하다 하겠다.

3 결론

지금까지 본고에서는 시간적 선후 관계를 나타내는 한국어 연결어미 '-아서/어서'와 '-고'의 차이점을 분석하였는데 이를 통해 얻은 결론은 다음과 같다.

첫째, 기존의 분석은 '-아서/어서'와 '-고'의 사용상의 차이를 설득력 있게 설명하고 있지 못하며 기존의 분석에 대한 반례가 존재한다. 따라서 본고에서는 기존의 분석들을 수정하여 '-아서/어서'는 앞의 행위의 결과가 그 다음 행위 중에 지속되고 앞뒤 행위가 화용적으로 관련을 맺을 때 사용하며 '-고'는 앞의 행위의 결과가 그 다음 행위 중에 지속되는 것과 상관없이 앞뒤 행위가 화용적으로 관련을 맺지 않을 때 사용한다는 제안을 하였다.

둘째, 기존의 연구에서는 일반적으로 목적어를 갖는 타동사 다음에는 '-고'를 사용하고, 목적어를 갖지 못하는 자동사 다음에는 '-아서/-어서'를 사용하는데 단, 목적어를 포함하여 앞뒤 문장의 동사가 동일한 구성 요소를 취할 때는 '-아/어서'를 쓴다고 기술하고 있으나 이에 반하는 예가 있음을 보였다.

셋째, '-아서/어서'와 '-고' 사용을 결정짓는 화용적 혹은 담화적 환경(이는 담화 문법의 영역에 속하는데)에 대한 분석이 보다 심화되어야 한다.

전술한 이와 같은 연구들이 철저하게 이루어졌을 때 비로써 시간적 선후 관계를 나타내는 연결어미 '-아서/어서'와 '-고' 차이가 밝혀졌다고 할 수 있는데 본고에서는 이의 일부만을 살펴보았을 뿐이다.

DONG-HO PAK(pakdn@khu.ac.kr) is a professor in the Department of Korean Language at kyung Hee University, Korea

외국어로서의 한국어 교육을 위한 한국어학

Past tense and Evidentiality in Mongolian and Korean

| 송재목

Past tense and Evidentiality in Mongolian and Korean

—

송재목(한국외국어대학교)

한국어와 몽골어에는 과거상황을 기술하는 데 사용될 수 있는 복수의 문법표지가 있다. 한국어에서는 과거상황의 기술에 '-더-'와 '-었-'이 사용될 수 있으며, 몽골어에서는 -laa, -jee, -v가 사용될 수 있다. 이 글에서는 한국어와 몽골어에서 이들 문법표지들이 의미론적, 통사론적으로 어떻게 다른지를 살펴보겠다. 한국어에서 '-더-'와 '-었-'은 모두 과거상황의 기술에 사용될 수 있지만 이들은 기본적으로 서로 상이한 의미범주에 속하는 문법표지들이다. '-더-'가 기본적으로 '직접지식(direct knowledge)'의 증거성의미를 나타내는데 반해, '-었-'은 '과거시제 /완료상'의 의미를 기본의미로 가진다. 즉, '-더-'는 증거성표지이지만 '-었-'은 '시제/양상'표지에 속한다. 몽골어에서 -laa, -jee, -v는 기본적으로 과거시제 표지지만 증거성의 의미에 의해 구별된다. -laa는 화자가 직접 경험하거나 목격한 상황의 기술에만 사용되고, -jee는 화자가 직접적인 증거를 가지고 있지 않는 상황의 기술에 사용된다. 반면에 -v는 이러한 부가적인 증거성의 의미를 나타내지 않는다. 즉, 증거성의 의미에 있어서는 무표적이다.

한국어의 증거성표지 '-더-'와 몽골어의 과거표지 -jee는 유사한 주어제약현상을 보인다. 이들은 모두 1인칭주어와는 함께 잘 사용되지 않는다. 몽골어의 과거표지 -jee가 1인칭주어와 함께 잘 사용되지 않는 것은 증거성과 관련해 일반언어학 적으로 널리 관찰되는 현상이다. 화자가 자신의 행위를 기술할 때는 간접지식의 증거성표지와는 함께 잘 사용되지 않는다. 소위 말하는 '1인칭효과(first person effect)'이다. 한국어에서는 간접지식의 증거성표지가 아니라 직접지식의 증거성 표지 '-더-'가 1인칭 주어와 함께 사용되지 않는다는 점에서 특이하다고 할 수 있다. 이 글에서는 '직접지식'의 증거성범주가 '경험(experienced)'과 '관찰(obser -ved)'로 세분되어서 다루어져야 하며, 증거성에 관한 '1인칭 효과'도 이에 따라 수정되어야 한다고 생각한다.

1. Introduction

Korean and Mongolian have several grammatical forms that can be used to describe past situations. In Korean, *-te* and *-ess* are largely used for past situations, whereas Mongolian employs *-laa*, *-jee* and *-v* for past situations. This paper discusses grammatical properties of these suffixes, focusing on their semantics and subject restriction. Though the two suffixes in Korean can describe past situations, they differ in their semantic categories. While *-te* is basically an evidential marker, *-ess* is a tense marker. Mongolian suffixes belong to the same category, past tense, but they have different evidential connotation. While *-laa* implies the speaker's firsthand knowledge about the situation, *-jee* indicates that the speaker does not have such information. The suffix *-v* is neutral in terms of evidential meaning. Some suffixes in Korean and Mongolian seem to show similar subject restriction. The Mongolian *-jee* and the Korean *-te* do not usually occur with first person subject. However, this paper will show that the subject restrictions observed with the two suffixes are different in their nature and caused by different motivations. Furthermore, based on our observation, we propose to distinguish firsthand evidentials into two subtypes, experienced and observed.

2. Past Tense Markers in Mongolian

Mongolian has three suffixes (*-laa*, *-jee*, *-v*) which can be used to describe past situations.[01]

---

01 Mongolian has another suffix -san which can describe past situations. However, it is

(1) Ert *urid cag-t neg dalaĭ-n zax-(a)d 7 bor ogotno baĭ-jee.*[02]

early before time-Dat one sea-Gen border-Dat 7 grey rat be-JEE

(2) Ö*nöö oroĭ bid xoyor xamt guanzan-d id-lee.* (Street 1963: 121)

this evening we:Nom two together restaurant-Dat eat-LAA

'This evening the two of us ate in a restaurant.'

(3) *Üilčlegč biden deer ire-v.* 'The waitress came to us.'

Waitress we:Dat on come-V

As shown in the following example (4), the three suffixes can occur with a past time adverbial but not with a present or future time adverbial.

(4) Bat *öčigdör/*odoo/*margaash buuz ide-jee/-(e)v/-lee.*

Bat now/tomorrow dumpling eat-JEE/V/LAA

'Bat ate/eats/will eat dumpling yesterday/*now/*tomorrow.'

---

not a tense marker but an aspect marker (Perfective) (Song 1997) and does not indicate any evidential meaning, whence it is not included in this paper.

02 The Mongolian Cyrillic letters are transliterated as /a b v g d ye yo j z i ĭ k l m n o ö p r s t u ü f x c č š šč ' ī ' e yu ya/, respectively. The following abbreviations are used: Acc (accusative), Conn (connective), Dat (dative-locative), Decl (Declarative), Eyewit (eyewitness), Fem (feminine), First (firsthand evidential), Gen (genitive), IK (indirect knowledge), Imm (immediate), Loc (locative), Nom (nominative), Nonfirst (non-firsthand evidential), Past (past), PastSO (past sensory observation), Pfv (perfective), Refl (reflexive), Sg (singular), Sub (subject) Top (topic).

The three suffixes are all past tense markers in that they describe past situations and cannot be used to describe present or future situations. The three are, however, different in their evidential meaning. Examples (5-7) show their evidential differences.

(5) *Bagš öčigdör end ir-lee.*
'The teacher came here yesterday.'
teacher yesterday here come-LAA
(6) Bagš öčigdör end ir-jee.
'The teacher came here yesterday.'
teacher yesterday here come-JEE
(7) Bagš öčigdör end ir-(e)v.
'The teacher came here yesterday.'
teacher yesterday here come-V

Sentence (5) implies that the speaker commits himself fully to the proposition: he himself witnessed the event. In sentence (6), however, there is a lack of commitment on the part of the speaker with regard to what he says: he has not witnessed the event himself. Unlike sentences (5-6), sentence (7) does not say anything about the speaker's awareness of the situation. It simply denotes the fact that there was a time in the past (yesterday) at which the event of [the teacher's coming here] took place. Based on this observation, we can characterize the three past suffixes of Mongolian showing evidential distinction (Song 1997: 184).[03]

(8) Mongolian Past suffixes
-laa: Firsthand Evidential
-jee: Non-firsthand Evidential
-v: Evidentially Neutral

3. Past tense and Evidential distinction in Korean

Korean has two suffixes which can describe past situations, *-te* and *-ass*.[04]

(9) *Jinwoo-ka ejey sokoki-lul mek-ess-ta/mek-te-la.* 'Jinwoo ate beef yesterday.'
Jinwoo-Nom yesterday beef-Acc eat-ESS-Decl/eat-TE-Decl

---

03 Evidentiality is a linguistic category whose primary meaning is source of information (Aikhenvald 2004: 3). It tells how the speaker obtained the information on which he/she bases an assertion (Willett 1988: 55). For further discussion of evidentiality, see Chafe & Nichols (1986), Aikehnvald & Dixon (2003), and Aikhenvald (2004).

04 In this paper, the transcription of Korean examples follows the Yale Romanization System.

While *-ess-* cannot be used to describe on-going situation at present or future situation, *-te-* is not confined to past situation. It can also describe on-going present or future situation.

(10) *Jinwoo-ka icey hakkyo-ey tani-te-la/*tani-ess-ta.* 'Jinwoo attends school now.'
Jinwoo-Nom now school-Loc attend-TE-Decl/ attend-ESS-Decl

(11) *Taum tal-puute kilum-kaps-i olu-te-la/*olu-ass-ta.*
'The oil price will rise from next month.'
next month-from oil-price-Nom rise-TE-Decl/ rise-ESS-Decl

Examples (9-11) show that *-ess-* is a Past tense marker in Korean but they refute the possibility of *-te-* being a Past tense marker. The semantic property that is shared by examples with *-te-* is that the information about the situation conveyed in the sentence is obtained through the speaker's firsthand sensory observations and that the information is obtained before the speech time. If the speaker does not have firsthand information about the situation, it is not appropriate to describe the situation with *-te-*. In other words, *-te-* is an evidential marker. Example 9 with *-te-* indicates that the speaker witnessed the situation of Jinwoo's eating beef, whereas the example with *-ess-* does not say anything about how the speaker obtained the information. Following Song (2002, 2007), this paper argues that *-te* is an evidential marker rather than the Past tense marker, Past Sensory Observation.[05] Korean markers *-te* and *-ass* are used to refer to past situations. While *-ass* is a Past marker, *-te* is not a past tense marker. The suffix *-te* is indeed an evidential marker and its past meaning comes from its evidential meaning, if not past is a part of its evidential meaning. Evidentials are different in their property. It may differ in their temporal property depending on when they obtained the information. The suffix *-te* is firsthand evidential indicating that the information is obtained directly by the speaker through his own senses. The temporal property of information is past. The information is obtained in the past not in the present. The meaning of past does not indicate that the situation happened in the past but that the information was obtained in the past. The two suffixes of Korean can be characterized as follows.

(12) Distinction of *-te* and *-ess* in Korean
-ess: Past
-te: Past Sensory Observation

---

05 Korean also has other evidentials such as Present Sensory Observation *-ney*, indirect knowledge evidential *-keyss* and reported evidential *-tay*, which will not be discussed in this paper. See Song (2007, 2012) for the details of them.

4. First person effect

Some of Mongolian Past tense markers show subject restriction.

(13) a. Bi/ Či/Ter ödör-iĭn xool id-*lee*. 'I/You/He ate lunch.'
I(Nom)/You(Nom)/He(Nom) day-Gen meal eat- FirstPast
b. **Bi/Či/Ter ödör-iĭn xool id-jee.* 'I/You/He ate lunch.'
I(Nom)/You(Nom)/He(Nom) day-Gen meal eat-Conn be-NonfirstPast
c. *Bi/ Či/Ter ödör-iĭn xool id-ev.* 'I/You/He ate lunch.'
I(Nom)/You(Nom)/He(Nom) day-Gen meal eat-Past

(14) a. *Bi/ Či/Ter öčigdör London-d ir-lee.* 'I/You/He came to London yesterday.'
I(Nom)/You(Nom)/He(Nom) yesterday London-Loc come-FirstPast
b. **Bi/Či/Ter öčigdör London-d ir-jee.* 'I/You/He came to Prague yesterday.'

c. *Bi/ Či/Ter öčigdör London-d ir-ev.* 'I/You/ He came to London yesterday.'

While Non-firsthand Evidential Past *-jee* is not used with first person subject, Firsthand Evidential Past *-laa* or Neutral Past *-v* are allowed with first person.

Evidentiality systems often interact with the grammatical person of the subject or experiencer. Cross-linguisitically, there is a tendency to develop restrictions as to the use of first person with non-firsthand or non-visual evidentials. There may also be a preference for firsthand or visual evidentials to be used with first person (Aikhenvald 2003a: 16). If the speaker is talking about themself, he/she usually uses firsthand evidential. It would be counterintuitive for the speaker to present their own activity or situation with non-firsthand evidential. We can say that first person sentences imply firsthand evidential. In other words, there is a semantic collision between first person and non-firsthand evidential. The semantic collision, however, does not prevent the use of first person with non-firsthand evidential completely. Some languages allow non-firsthand evidential with first person, adding semantic overtones of lack of control, volition, intention or awareness with first person, the so-called 'first person effect' in Aikhenvald (2004: 220).

In Jarawara, if the speaker knew what he was doing when he got drunk (he deliberately got drunk), firsthand evidential is appropriate (example 15). If the speaker woke up drunk and didn't remember what he had done the previous night, non-firsthand evidential is used (example 16) (Dixon 2003: 170).

(15) *o-hano-hara o-ke* 'I got drunk (deliberately)'
1Sg.Sub-be:drunk-ImmPastEyewit.Fem
1Sg-Decl.Fem

(16) *o-hano-hani o-ke* 'I got drunk (and don't recall it)'
1Sg.Sub-be:drunk-Imm.PastNonEyewit.Fem
1Sg-Decl.Fem

Mongolian also shows examples of first person effect. Though Mongolian usually does not allow *-jee* with first person subject, there are exceptions to this subject restriction. Verbs like *unt* 'sleep', *sogt* 'get drunk', *mart* 'to forget', and *uxaan ald* 'to lose consciousness' allow the Past suffix *-jee* with a first person subject, as exemplified in (17-19).

(17) *Bi öngör-sön šönö nam unt-av /-laa /-jee.*
I(Nom) pass-Pfv night deeply sleep- Past/ FirstPast/-NonfirstPast
'I slept deeply last night.'

(18) *Bi öčigdor ix sogt-ov/-loo/-jee.*
I(Nom) yesterday very get:drunk-Past/-FirstPast/-NonfirstPast
'I was drunk yesterday.'

(19) *Bi surguul'deer malgaĭgaa mart-av/-laa/-jee.*
I(Nom) school at hat-Refl forget-Past/-FirstPast/-NonfirstPast
'I forgot my hat at school yesterday.'

Examples (17-19) allow all the three past suffixes with first person subject. Examples with *-laa* are used when the speaker had some sort of control or awareness of the situation, whereas those with *-jee* are used when the situation was out of the speaker's control or awareness. The sentence with the suffix *-laa* in (17) implies that the speaker himself was aware of his sleeping: he might have wanted to sleep deeply and prepared for a good sleep. The one with the suffix *-jee* implies that the speaker was not aware of his sleeping at the event moment: he might have had a lot of work to do before he went to bed but fell asleep unconsciously. First person effect observed cross-linguistically can be defined as follows.

(20) First person effect

When non-firsthand evidentials are used to describe first person events, they gain semantic implication of lack of intention, volition, control or awareness.

It is well-known in the literature of Korean linguistics that Korean *-te* shows similar subject restriction. As shown in examples (21 and 22), the suffix *-te* is not normally used with a first person subject, while *-ess* can. The speaker cannot use *-te* in connection with his own action.

(21) a. *Chelswu-ka/Ney-ka/*Nay-ka cemsim-ul mek-te-la.*
Chelswu-Nom/You-Nom/I-Nom lunch-Acc eat-PastSO-Decl
'Chelswu/You/I was/were eating lunch. (I saw it.)'
b. *Chelswu-ka/Ney-ka/Nay-ka cemsim-ul mek-ess-ta.*
Chelswu-Nom/You-Nom/I-Nom lunch-Acc eat-Past-Decl
'Chelswu/You/I ate lunch.'

(22) a. *Chelswu-ka/Ney-ka/*Nay-ka hakkyo-ey ka-te-la.*
Chelswu-Nom/you-Nom/I-Nom school-Loc go-PastSO-Decl
'Chelswu/You/I went to school. (I saw it.)'
b. *Chelswu-ka/Ney-ka/Nay-ka icey hakkyo-ey ka-ass-ta.*
Chelswu-Nom/you-Nom/I-Nom now

school-Loc go-Past-Decl
'Chelswu/You/I went to school.'

Korean -*te* also provides similar exceptions to the restriction. When the speaker was not a volitional agent or when he lacked the control or awareness of what was happening, the first person subject can be used with -*te* (examples 23-25).

(23) *Cwuwi-lul twullepo-ni, na-man socwu-lul masi-te-la.*
surroundings-Acc look:around-Conn I-only
socwu-Acc drink-PastSO-Decl
'When I looked around, (I found) I was the only one who was drinking socwu.'

(24) *Cengsin-ul chalyepo-ni na-nun pyengsil-ey iss-te-la.*
Mind-Acc collect-Conn I-Top hospital:room-Loc exist-PastSO-Decl
'When I came to my senses, I found myself in the hospital.'

(25) *Eceyspam kkwum-ey nay-ka kongwen-ul honca heymay-ko tani-te-la.*
last:night dream-Loc I-Nom park-Acc alone
wander-Conn go-PastSO-Decl
'(I saw) I was wandering around alone at a park in the dream I had the last night.'

However, the subject restriction observed with the Korean *-te* differs from that of the Mongolian *-jee*. In addition, the semantic implication of lack of control or intention observed in examples (23-25) differs from typical examples of first person effect. It is usually non-firsthand evidentials that show subject restriction with first person and first person effect is also observed in non-firsthand evidentials across languages. In Mongolian, it is the non-Firsthand Evidential Past *-jee* not the Firsthand Evidential Past *-laa* or the Neutral Past -v that shows the first person subject restriction and first person effect. What is unusual in Korean is that the semantic property of *-te*, Past Sensory Observation, is not non- firsthand evidential but firsthand evidential. In other words, firsthand evidential demonstrates first person subject restrictioin and first person effect in Korean.[06]

---

06 Firsthand evidential restrictions with first person **are rare but they are observed in Amdo Tibetan (Sun 1993) and Qiang (LaPolla 2003)** as well.

5. Typology of firsthand evidentials: 'experienced' and 'observed'

Firsthand evidentials seem not to be homogenous in their property. They differ in their information quality and they can be shaped differently according to their quality within and across languages. Languages like Tariana (Aikhenvald 2003b) or Eastern Pomo(McLendon 2003) differentiate visual information and non-visual information, both of which indicate firsthand evidential but are different in their quality.

Based on our observation on Mongolian Past suffixes Korean evidential *-te*, we argue that firsthand evidentials can also be divided into two subtypes depending on their information scope, whether the information can include the speaker's own activity or not. Typical firsthand evidentials like Mongolian *-laa* have both the speaker's experience as an agent and her/his observation as a spectator within their reference scope. Therefore they do not show subject restriction. They can freely occur with first, second or third person subject. We name this subtype 'experienced firsthand evidential'. Here 'experience' is used in a sense wider than its ordinary usage, including the meaning of 'observation' or 'witness'. Another type of firsthand evidential has a narrower information scope. It only refers to the speaker's observation and does not have the speaker's own event within its reference scope. The target of observation is normally the surroundings of the deictic center, the speaker. The deictic center itself is not usually included within the scope of observation, whereas the second or third person's situation comes under the speaker's observation. We name this subtype 'observed firsthand evidential'. Korean firsthand evidential *-te* belongs to the type of Exclusive, along with firsthand evidentials of Amdo Tibetan and Qiang. It indicates the speaker has firsthand information about the situation but cannot be used to refer to the speaker's own activity as a volitional agent. When we divide firsthand evidential into two subtypes, the definition about 'first person effect' should be modified.

(27) First person effect (revised)

When non-firsthand or observed firsthand evidentials are used to describe first person events, they gains semantic implication of lack of intention, volition, control or awareness.

The nature of 'first person effect' is that evidentials which are inadequate for first person acquire semantic implication of lack of intention, volition, control or awareness when it is used with first person.

6. Conclusion

In this paper we examined grammatical forms of Mongolian and Korean which can be used to describe past situations. Mongolian three suffixes *-laa*, *-jee* and *-v* are past tense markers and they are distinguished in their evidential meaning: Firsthand Evidential Past *-laa*, Non-firsthand Evidential Past *-jee* and Neutral Past *-v*. In Korean, *-ess-* is a past tense marker, whereas *-te-* is a firsthand evidential marker, Past Sensory Observation. Mongolian *-jee* and Korean *-te-* exhibit similar subject restriction. They do not normally occur with first person subject. When they are allowed with first person subject, they imply lack of intention, volition, control or awareness: first person effect. However Mongolian *-jee* and Korean *-te-* differ in their evidential meaning: the former firsthand evidential and the latter non-firsthand evidential. Based on this observation, this paper proposes two subtypes of firsthand evidential, experienced and observed. The information scope of 'experienced firsthand evidentials' includes not only the speaker's own activity but also the speaker's observation as a spectator. That of 'observed firsthand evidentials' only encompass the speaker's observation.

Jaemog Song (sjrhee@cnu.ac.kr) is a professor in the Department of Linguistics and Cognitive Science at Hankuk Univeristy of Foreign Studies, Korea.

참고문헌

이상규 : 〈세종학당재단〉의 한국어 교육 정책 발전 방향

—

참고문헌

국립국어원. 2008. 『세종학당』(운영메뉴얼).

________. 2009. 『교사의 국어 능력 실태 조사』. 국립국어원 2009-01-56.

________. 2011. 『언어정책 국제학술대회』. 국립국어원 개원 20주년 기념.

________. 2008. 『초급 한국어 말하기』(영어판, 중국판, 타갈로그판, 베트남판, 태국판). 『초급 한국어 쓰기』(영어판, 중국판, 타갈로그판, 베트남판, 태국판, 몽골어). 『초급 한국어 읽기』(영어판, 중국판, 타갈로그판, 베트남판, 태국판, 몽골어). 『초급 한국어 듣기』(영어판, 중국판, 타갈로그판, 베트남판, 태국판, 몽골어). Hollym.

국제한국어교육학회. 2006. 『한국어 교수-학습방법론의 재정립』. 국제한국어교육학회 제16차 국제학술대회.

법무부 · 보건복지부 · 문화관광부 · 정보통신부 · 노동부 · 농림부 · 여성가족부 · 기획예산처 · 국정홍보처 · 중앙인사위원회 · 경찰청 · 대통령자문 빈부격차 · 차별시정위원회. 2006. 「사회통합을 위한 결혼이주민 가족의 정책 지원 방안」.

안토니 파그덴 지음. 2003. 『민족과 제국』. 한은경 옮김. 을유문화사.

앤드류 달비 지음. 2008. 『언어의 종말』. 오영나 옮김. 작가정신.

앨프리드 W. 크로스비. 2002. 『생태 제국주의』. 지식의 풍경.

야마무로 신이찌 지음. 2003. 『여럿이며 하나인 아시아』. 임성모 옮김. 창비.

윤수연. 2008. 『문화간 의사소통의 이해』. 한국문화사.

이광규. 2006. 『신민족주의의 세기』. 서울대학교출판부.

이상규. 2007. 「언어의 다양성과 공통성」. 제18차 세계언어학자대회 추진위원회.

______. 2007. 「언어횡단으로서 한국어 교육」. 한국어교육학회 2007년 겨울 학술대회 주제발표 논문.

______. 2007. 「여성결혼이민자 한국어 교육의 과제」. 『어문론총』. 한국문학언어학회.

______. 2008. 『둥지밖의 언어』. 생각과나무.

______. 2007. 『방언의 미학』. 살림.

______. 2007. 『한국어 교육 현황과 전망』. 한국어교육학회 2007년 겨울 학술대회.

______. 조태린 외. 2008. 『한국어의 규범성과 다양성』. 태학사.

______. 2010. 『한국어학습사전과 어휘 교육의 늪』. 동남아시아 교사협의회. 발제강의. 말레이시아.

______. 2011. 『국제사회 이해교육과 커뮤니케이션』. 대구광역시 교육청.

조너선 색스지음. 2007. 『차이의 존중』. 임재서 옮김. 말글빛냄.

홍인표. 2008. 『중국의 언어정책』. 한국학술정보.

Louis Jean Calvet 지음. 2001. 『언어전쟁』. 김윤경 · 김영서 옮김. 한국문화사.

V.I. 베르비쯔끼 지음. 2006. 『알타이의 민족들』. 국립민속박물관.

M. Namkil Kim : Linguistics and the Teaching of Korean

—

References

Bloomfield, L. 1933. *Language.*

Cele-Murcia, M. and Olshtain, E. 2000. *Discourse and context in Language teaching.* Cambridge: Cambridge University Press.

Cook, G. 1989. *Discourse analysis.* Oxford: Oxford University Press.

Davis, A. and Catherine, E. (eds.). 2004. *The handbook of applied linguistics.* Oxford: Blackwell.

______. 2004. General introduction applied linguistics: subject to discipline? In A. Davis and E. Catherine (eds.). *The handbook of applied linguistics.* pp. 25-53. Oxford: Blackwell.

Riggenbach, H. 1999. *Discourse analysis in the language classroom.* Ann Arbor: The University of Michigan Press.

Lidicoat, A. J. and Curnow, T. J. 2004. Language description. In A. Davis and E. Catherine (eds.), *The handbook of applied linguistics.* pp. 1-15. Oxford: Blackwell

McCarthy, M. 2001. *Issues in applied linguistics.* Cambridge: Cambridge University Press.

Olshtain, E. and Cele-Murcia, M. 2001. Discourse analysis and language teaching. In Schiffrin, D. , Tannen, D. & Hamilton, E. 2001. *The handbook of discourse analysis.* pp. 707-22. Oxford: Blackwell.

Paltridge, B. 2006. *Discourse analysis.* London: Coninuum.

Robins, R. H. 1971/1980. *General linguistics: an introductory survey*. London: Longman.

Schiffrin, D., Tannen, D. & Hamilton, E. 2001. *The handbook of discourse analysis*. Oxford: Blackwell.

Shin, J., Kiaer J. and Cha, J. 2013. *The sounds of Korean*. Cambridge: Cambridge University Press.

참고문헌

박창원 외. 2003.『(한・영・일) 음운대비』. 한국문화사.

신지영. 2011.『한국어의 말소리』, 지식과 교양.

허 용. 2010a.「자음 체계 대조 연구: 한국어, 영어, 일본어, 중국어를 대상으로」.『언어과학연구』55. 언어과학회.

_____. 2010b.「자음의 보편성과 음성적 유표성의 상관관계 연구: 장애음을 중심으로」.『언어와 문화』6 3. 한국언어문화교육학회.

_____. 2010c.「자연언어에서의 삽입모음 유형 연구」『언어와 언어학』. 한국외국어 대학교 언어연구소.

_____. 2011.「한국어 자음 체계의 유형적 보편성 연구」.『이중언어학』45. 이중언어학회.

Crothers, J. 1978. Typology and Universals of Vowel System. In J. H. Greenberg *et al*(eds.). 1978: 93-152.

Disner, S. 1984. Insights on vowel Spacing. In Maddieson. I.(1984).

Gussenhoven, C. & H. Jacobs. 1998. *Understanding Phonology*, Trans-Atlantic Publications, Inc. [허용, 김선정 역. 2005.「음운론 이해」. 도서출판 동인.].

Gussenhoven, C. & H. Jacobs. 2005. *Understanding Phonology*(2nd edition). Trans-Atlantic Publications.

Haspelmath, M., M. S. Dryer, D. Gil, & B. Comrie. 2005. *The World Atlas of Language Structures*. OUP.

Ladeforged, P. 2010. A Course in Phonetics(15th edition). Thomson.

Lee, W-S. & E. Zee. 2003. Standard Chinese(Beijing). *Journal of the International Phonetic Association* 33: 109-112.

Lin, Y-H. 2007. *The Sounds of Chinese*. CUP. [엄익상 외 역. 2010. 「중국어 말소리」. 역락.].

Liljencrants, J. & B. Lindblom. 1972. Numerical Simulation of Vowel Quality Systems: the Role of Perceptual Contrast. *Language*. 48: 839-62.

Lindblom, B. 1975. Experiments in sound structure. 8th International Congress of Phonetic Sciences. Leeds.

Maddieson, I. 1977. Tone loans: a question concerning tone spacing and a method of answering it. UCLA *Working Papers in Phonetics* 36: 49-83.

______ ___. 1984. *Patterns of Sounds*. CUP.

Lindblom, B. & I. Maddieson. 1988. Phonetic Universals in Consonant Systems. in L. Hyman(1988) 62-78.

Terbeek, D. 1977. Some constraints on the principle of maximum perceptual contrast between vowels. *Proceedings of the 13th Regional Meeting of the Chicago Linguistic Society*. 640-650.

Vance, T. 2008. *The Sounds of Japanese*. CUP.

Zee, E. & W.-S., Lee. 2007. Vowel typology in Chinese. Paper presented at the 16th on International Conference of Phonetic Science. Saarbrucken. German.

김선정 : 자음 연쇄의 발음 유형과 한국어 교육

—

참고문헌

권현주. 2006. 「특수음소의 변이음을 활용한 한국어 종성 발음 인지 교육 방안 -일본어권 학습자를 중심으로-」. 『일본어문학』 제31집, 35-54.

김선정. 2008. 「한국어 자음 연쇄의 분포 특성에 관한 연구」. 『언어와 문화』 4(1). pp. 81-96.

분마르어드 껀나파. 2012. 「태국인 학습자를 위한 한국어 발음 교육 방안 -종성 발음을 중심으로-」. 계명대학교 석사학위논문.

안상철·최인철. 2006. 『영한대조분석』. 한국문화사.

최종찬. 2003. 『힌디어 음운론』. 한국외국어대학교 출판부.

허용·김선정. 2005. 『음운론 이해』(원저: *Understanding Phonology*, Gussenhoven, C. & H. Jacobs. 1998. Arnold Publishers). 동인.

허용·김선정. 2006. 『외국어로서의 한국어 발음 교육론』. 박이정.

_____. 2013. 『대조언어학』. 소통.

Heo, Y. 1995. *Empty Categories and Korean Phonology*. Ph.D. Dissertation. SOAS. University of London.

Kim, S. J. 1996. *The Representations of Korean Phonological Expressions and Their Consequences*. Ph.D. Dissertation. SOAS. University of London.

Lin, Y. H. 2007. *The Sounds of Chinese*. Cambridge University Press.

Vance, T. 2008. *The Sounds of Japanese*. Cambridge University Press.

참고 문헌

강현화 · 김창구. 2001.「어휘력 신장을 위한 기본 한자어의 조어력 조사: 한국어 회화 교재에 나타난 한자어를 대상으로」.『말 제 25·26집』. 연세대 한국어 어학당.

강현화. 2005.「일반어와 국어사전」.『한국어교육론 2』. 한국문화사.

권성훈. 2009.「몽골대학들의 한국어 교육」.『한국어문학연구 제53호』. 한국어문학연구학회.

문금현. 2003.「한국어 어휘 교육을 위한 한자어 학습 방안」.『이중언어학 제23호』. 이중언어학회.

______. 2005.「어휘 교육의 과제와 발전 방향」.『한국어교육론 2』. 한국문화사.

오미남. 2002.「비한자권 외국인을 위한 한자 교육」. 국제한국어교육학회 제12차 국제학술대회 자료집.

윤혜숙. 2003.「베트남인 한국어 학습자의 어휘 오류 분석」. 국제한국어교육학회 2004년도 춘계 (21차) 학술대회 논문집.

조현용. 2005.「어휘 교육의 연구사와 변천사」.『한국어교육론 2』. 한국문화사.

홍영매. 2005.「한국어 교육에서의 중한 번역 교육 내용 구성 연구」. 서울대국어교육과 석사학위 논문.

홍은진. 2004.「일본인 한국어 학습자의 어휘 오류 분석」. 국제한국어교육학회 2004년도 춘계(21차) 학술대회 논문집.

Sainbilegt. D. 2005.「몽골인 학습자를 위한 한국어 문법 교육과정의 내용체계 연구」. 서울대학교 국어교육과 박사학위논문.

______. 2006.「몽골에서의 한국어(학) 현황 조사」.『해외 한국학 백서』. 한국국제교류재단.

______. 2008. 「몽골 한국어 교육과정의 현황 및 발전 방향」. 한국어문학 국제 학술포럼 제6회 국제학술대회(고려대).

Sainbilegt. D(2006) 참조. 이 대학교들은 몽골에서 한국어 교육을 하는 주요 대학교들이며 교육과정 내용상 한자 교육을 별도로 운영하는 학교들이다.

	대학교명	교수 수	학년별 학생수				
			1학년	2학년	3학년	4학년	총
1	몽골국립대학교	2	26	16	16	16	76
2	인문대학교	2	10	13	13	14	52
3	사립 울란바타르 대학교	1	8	8	17	15	49
4	이흐자삭 대학교	1	-	-	-	-	1
	합계	**6**	**44**	**37**	**46**	**45**	**178**

한국학과 교육과정 체계상 2-4학기 때는 매 학기에 2학점씩, 5-7학기 때는 매학기 1학점씩 한자 교과과목을 이수하도록 배정되어 있다.

이흐자삭 대학교가 2009년부터 매년 현지 대학교 학생들을 대상으로 한국한자경시대회를 개최하고 있으며, 각 대회에 6-7개 대학교 40~50여명의 대학생들이 한자능력검정시험 8-6급 수준의 한자 문제를 풀면서 서로 겨루고, 한국 한자에 대한 이해도를 높이고 있다(이흐자삭 대학교 교육자와의 인터뷰와 제공받은 경시대회 관련 자료를 근거했음).

작문 주제는 1학년이 "독후감"이고, 2학년은 '여가 시간', 3학년은 '나의 미래', 4학년은 '진로 문제'이다.

학생들의 오류 실태를 보여주기 위해 그들이 작성한 문장을 그대로 실었다. 괄호속은 오류에 대한 필자의 수정이다. 한국어와 몽골어 문장이 어떻게 다른지 보여 줄 목적으로 몽골 학생들이 작성한 한국어 문장 아래에 그에 해당하는 몽골어 문장을 제시했다.

Goksel Turkozu : 터키인 학습자를 위한 한국어 문법 교육

—

참고 문헌

권재일. 1997. 「한국어 통사론」. 민음사.

_____. 2000. 「한국어 교육을 위한 표준 문법의 개발 방향」. 새국어생활 제10권 제2호.

_____. 2003. 「한국어 문법 지도법 -문법범주론-」. 한국어 교육 (1). 서울대학교 사범대학 외국인을 위한 한국어 교육 지도자 과정.

튀르쾨쥬, 괵셀. 2004. 「한국어 쓰기 교육 내용 구성 연구: -터키인 학습자를 대상으로-」. 서울대 대학원 박사 학위 논문.

연규석. 2003. 「터키어 문법의 새 조명」. 우리와 중동.

임호빈, 홍경표, 장숙인 공저. 1997. 「외국인을 위한 한국어 문법」. 연세대학교.

Aksan, D. 1980. 「Her Yönüyle Dil, Ana Çizgileriyle Dilbilim Ⅰ Ⅱ Ⅲ(모든 면에서의 언어, 언어학)」. TDK Basımevi. Ankara.

Ediskun, H. 1993. 「Türk Dilbilgisi(터어키 문법)」. Remzi Kitabevi. İstanbul.

Ergin, M. 1962. 「Türk Dili(터어키어)」. Bayrak Basım. İstanbul.

Karahan, L. 1995. 「Türkçe'de Sözdizimi(터키어 통사론)」. Akçağ Yayınevi. Ankara.

박동호 : 시간적 선후 관계를 나타내는 한국어 연결어미 '-아서/어서'와 '-고'의 차이에 대하여

—

참고문헌

국립국어원. 2005a. 『외국인을 위한 한국어 문법 1: 체계편』. 커뮤니케이션북스.

_____. 2005b. 『외국인을 위한 한국어 문법 2: 용법편』. 커뮤니케이션북스.

박동호. 2012a. 「한국어교육학의 연구방법론 탐색 : 문법, 이론과 실제」. 제16차 한국언어문화교육학회 추계 전국학술대회 발표 논문집. 한국언어문화교육학회. 3-10쪽.

_____. 2012b. 「한국어 연결어미의 교육문법 구축 방안: 시간적 선후 관계를 나타내는 '-아서/어서'와 '-고'를 중심으로」. 제6회 계명대학교 한국학 국제학술대회 발표 논문집. 계명대학교 한국학연구원. 193-202쪽.

_____. 2013a. 「한국어 담화문법의 구축 방안: 한국어 연결어미 아서/어서를 중심으로」. 한국언어문화교육학회 제8차 국제학술대회 발표 논문집. 한국언어문화교육학회. 7-16쪽.

_____. 2013b. 「한국어 연결어미 '-고'의 교육문법」. 한국문법교육학회 제18차 전국학술대회 발표 논문집. 한국문법교육학회. 139-145쪽.

허용 외. 2005. 『외국어로서의 한국어교육학 개론』. 박이정.

Pak, D.-H.(2013), A Study of the Korean Clausal Connectives '-ŏsŏ' and '-ko' of Temporal Sequence, *Acta Koreana* 16-1, Academia Koreana of Keimyung University.

Yeon, J. & Brown, L.(2012), *Korean : A Comprehensive Grammar*. Taylor and Francis.

Jaemog Song : Past tense and Evidentiality in Mongolian and Korean

—

References

Aikhenvald, A. Y. 2003a. Evidentiality in typological perspective.Studies in Evidentiality. Aikehnvald& Dixon (eds.). pp.1-31. Amsterdam: John Benjamins.

______. 2003b. Evidentiality in Tariana. *Studies in Evidentiality*. Aikehnvald & Dixon (eds.). pp.131-164. Amsterdam: John Benjamins.

______. 2004. *Evidentiality*. New York: Oxford University Press.

Aikhenvald, A. Y. & R. M. W. Dixon. (eds.) 2003. *Studies in Evidentiality*. Amsterdam: John Benjamins.

Barnes, J. 1984. Evidentials in the Tuyuka verb. *International Journal of American Linguistics* 50: 255-271.

Chafe, W. & J. Nichols. 1986. *Evidentiality: The Linguistic Coding of Epistemology*. Norwood: Ablex Publishing Corporation.

LaPolla, Randy J. 2003. Evidentiality in Qiang. In Aikhenvald and Dixon (eds.) *Studies in Evidentiality*. pp.63-78. Amsterdam: John Benjamins.

McLendon, Sally. 2003. Evidentials in Eastern Pomo with a comparative survey of the category in other Pomoan languages. In Aikehnvald & Dixon (eds.) *Studies in Evidentiality*. pp.101-129.

Song, Jae-mog. 1997. Tense, aspect and modality in Khalkha Mongolian. PhD dissertation. SOAS. University of London.

______. 2002. A Typological Analysis of the Korean Evidential Marker *-te,*

Eoneohag 32. the Linguistic Society of Korea. pp.147-164.

______. 2007. Cungkeseng-kwa cwue-ceyak-uy yuhyenglon (Typology of Evidentiality and Subject Restriction based on Korean, Mongolian and Tibetan-). *Hyengthaeron* (Morphology) 9.1. pp.1-23.

______. 2011. Evidentiality in Korean. presented at the Pre-JK Linguistics workshop.

Sun, Jackson T-S. 1993. Evidentials in Amdo Tibetan. *The Bulletin of the Institute of History and Philology* LXIII Part IV. Taipei: Academia Sinica. pp.945-1001.

Willett, Thomas. 1988. A cross-linguistic survey of the grammaticalization of evidentiality. *Studies in Language* 12.1: 51-97.

외국어로서의 한국어 교육을 위한 한국어학

2014년 1월 15일 초판1쇄 인쇄
2014년 1월 28일 초판1쇄 발행

지은이 계명대학교 한국학연구원 편
펴낸이 신 일 희
펴낸곳 **계명대학교 출판부**
(704-701) **대구광역시 달서구 달구벌대로** 1095
TEL: (053)580-6233
FAX: (053)580-6235
홈페이지: www.kmupress.com
출판등록: **제**347-1998-1**호**(1970. 9. 1.)

ISBN 978-89-7585-649-5 93700

정가 24,000원

*잘못된 책은 교환하여 드립니다.

이 도서의 국립중앙도서관 출판시도서목록(CIP)은 서지정보유통지원시스템 홈페이지http://seoji.nl.go.kr)와 국가 자료공동목록시스템(http://www.nl.go.kr/kolisnet)에서 이용하실 수 있습니다. (CIP제어번호 : CIP2014001295)